当代大学生

课堂

总主编　蔡昌卓

主　编　邓志平　周　杰

副主编　李久华　金云亮　王西斌

编　委　（按汉语拼音排序）

刘莹莹　孙梦雅　王海玲

韦俊志　韦玉敏　魏春华

谢鹃霞　张　丽

中国人民大学出版社

·北京·

图书在版编目（CIP）数据

当代大学生安全课堂 / 邓志平，周杰主编. —北京：中国人民大学出版社，2015. 8

ISBN 978-7-300-21680-5

Ⅰ. ①当… Ⅱ. ①邓… ②周… Ⅲ. ①大学生－安全教育－高等学校－教材 Ⅳ. ① G645.5

中国版本图书馆 CIP 数据核字（2015）第 163232 号

当代大学生安全课堂

总主编 蔡昌卓

主 编 邓志平 周 杰

副主编 李久华 金云亮 王西斌

编 委（按汉语拼音排序）

刘莹莹 孙梦雅 王海玲

韦俊志 韦玉敏 魏春华

谢鹏霞 张 丽

Dangdai Daxuesheng Anquan Ketang

出版发行	中国人民大学出版社		
社 址	北京中关村大街 31 号	**邮政编码**	100080
电 话	010-62511242（总编室）		010-62511770（质管部）
	010-82501766（邮购部）		010-62514148（门市部）
	010-62515195（发行公司）		010-62515275（盗版举报）
网 址	http:// www. crup. com. cn		
经 销	新华书店		
印 刷	天津中印联印务有限公司		
规 格	155 mm × 235 mm 16 开本	**版 次**	2015 年 8 月第 1 版
印 张	12.25	**印 次**	2021 年 7 月第 7 次印刷
字 数	213 000	**定 价**	28.00 元

序

蔡昌卓

安全，是现代社会中使用频率颇高的一个词。日常生活中，安全说起来比较随意；平安无事时，安全说起来让人感觉絮叨；还有人极端地把提醒当成诅咒而忌于开口；但事件发生时，安全说起来让人恐惧；造成后果时，安全说起来又很沉重。就在这本关于安全的小册子准备交稿的时候，5 月 25 日 19 时 33 分，河南平顶山市鲁山县康乐园老年公寓发生火灾，造成 38 人死亡、6 人受伤。6 月 1 日晚约 21 时 28 分，一艘名为“东方之星”的客轮正在由南京开往重庆的航线上，行至长江中游湖北监利县城大马洲江段水域时，突遇 12 级大风，未来得及发出求救信号，2 分钟内客轮便被掀翻，倒扣水中。船上共 456 人，其中乘客 405 人。截止到 7 日下午 6 时，确认遇难 432 人，14 人生还，还有 10 人下落不明。

如果说上述两个重大安全事故发生在校园以外，5 月 27 日广西某高校商铺中液化气着火，还有高校学生宿舍中不时发生的电吹风引燃床单、热水壶烤焦桌面的情况等，各种各样、大大小小的安全事故，像挥之不去的梦魇，就发生在大学生身边或身上，给高校的安全防范与安全教育工作不时地敲响警钟。

党和国家领导人高度重视公共安全工作，中共中央政治局 5 月 29 日下午就健全公共安全体系进行第 23 次集体学习。习近平总书记在主持学习时强调，公共安全连着千家万户，确保公共安全事关人民群众生命财产安全，事关改革发展稳定大局。要牢固树立安全发展理念，自觉把维护公共安全放在维护最广大人民群众根本利益中来认识，扎实做好公共安全工作，努力为人民安居乐业、社会安定有序、国家长治久安编织全方位、立体化的公共安全网。

习总书记要求我们要安而不忘危、治而不忘乱，增强忧患意识和责任意识，始终保持高度警觉，任何时候都不能麻痹大意。维护公共安全，要坚持问题导向，从人民群众反映最强烈的问题入手，高度重视并切实解决公共安全面临的一些突出矛盾和问题，着力补齐短板、堵塞漏洞、消除隐患，着力抓重点、抓关键、抓薄弱环节，不断提高公共安全水平。

高校的校园是人员持续密集的场所，大学生活跃、好动，是安全工作的重点单位。大学生是中华民族伟大复兴的希望，其安全牵动着千家万户、牵动着党和政府，“生命不保，何谈教育”？所以牢固树立安全第一的思想不动摇，是对高校安全教育工作的必然要求。做好高校安全工作的重要途径之一，就是要强化安全意识，搞好安全管理，提高学生的防范能力；安全教育自然就成了高校教育必不可少的内容。不管是入学教育还是毕业教育，包括日常的教学，安全都应该是贯穿其中的；通过各种形式的学习、培训和操练，做到人人讲安全，时时保安全，维护校园正常的教学秩序，保障校园师生的财产与生命安全不受侵害。

影响大学生安全的因素很多，本书在介绍了国家安全之后，从学习、生活、突发公共事件、自然灾害、消防、网络、心理还有邪教与毒品等方面，讲解了相关的安全知识和防范策略，最后一章的后半部分还安排了生命教育的内容。本书基本做到了安全教育内容的系列化，将对高校安全工作的规范化、制度化提供帮助，也是安全教育课程化的成果，普及安全知识的素材。

安全事故固然可怕，但最可怕的还是安全观念淡薄、应对安全事故的无知和对惨痛教训的麻木。我们须牢记：隐患处处有，安全时时记。

祝愿青年大学生在平安校园里，平安生活、平安学习、平安发展！

本书难免有不足之处，敬请专家同仁批评指正！

蔡昌卓

2015 年 6 月于桂林

蔡昌卓，教授，博士，硕士生导师；现任广西壮族自治区教育厅副厅长。

目录

第一章　当代大学生安全教育概述

人类从诞生的那一天开始，就必须面对安全问题，安全是人类生存和发展的基础，也是社会存在、发展的前提条件。对人类安全产生影响乃至威胁的有自然因素、人为因素、社会因素等诸多方面。对大学生进行安全教育，让大学生学习安全防范知识，增强防范意识，掌握防范技能，提高防范能力，有利于他们度过安全稳定、健康有序、文明和谐的大学生活。

第一节　安全概述

一、安全的含义

安全，顾名思义，就是人和物受到保护、没有危险，不受惊吓、不受损失和伤害，不出事故的状态。马斯洛提出的需要层次理论，将安全需要视为人的第二层次需要，认为人除了第一层次需要——生理需要之外，其他三个高层次的需要，即归属和爱的需要、自尊的需要和自我实现的需要，都是建立在安全需要得以保障的基础上的。可见，古今中外，安全问题一直都是人们关注的重要问题。安全联系着千家万户，安全涉及我们每一个人。拥有安全，我们才能拥有幸福。

安全伴随着社会的发展而变化。最初，人类面临的主要是大自然给人类的人身安全带来的威胁，如地震、洪水、火山爆发、动物侵害、疾病等。今天，人类面临的不仅有人身安全问题，还面临财物安全、社交活动安全、环境安全、信息安全等。人类在与不安全因素抗争的过程中，积累了许多规避灾害的宝贵经验和教训，例如“千里之堤，溃于蚁穴”“防微而杜渐，居安而思危”“未雨而绸缪”“小过不生，大罪不至”“防患于未然”等等。这些思想对于我们今天正确处理安全问题仍有深刻的启示和借鉴意义。

二、社会安全形势

当前，我国正处在深化改革的高速发展时期，高速度必然带来高风险；交通事故、环境污染，生产事故、消防隐患、生态破坏导致的自然灾害、新的流行疾病，还有各种各样的违法犯罪、为了追求经济效益而生产的假冒伪劣食品药品等；改革发展的进程中往往会形成利益的争夺或重组，引发社会矛盾，这种矛盾爆发时常伴随着殴斗和凶杀，也有一些心灵扭曲的人疯狂地报复社会；还因社会发展使人的活动范围不断扩大，从而我们面临的安全问题也越来越广泛。

三、大学校园安全状况

总体上看，校园不安全状况主要体现在以下六个方面。

（一）恶性案件时有发生

一方面，高校人群聚集，往往成为少数极端分子报复社会的目标，恶性案件不时发生。如 2003 年发生的“2·25”北大、清华餐厅爆炸案就是罪犯分子为制造轰动效应，把这些著名学府作为实施犯罪活动的场所。另一方面，高校学生相对比较单纯、善良，也成为犯罪分子侵害的对象，校园及周边发生的杀人、抢夺抢劫、人身伤害等恶性案件时有耳闻。第三方面，现在高校一般是开放式办学，以学生自主管理为主，不法人员包括社会车辆很容易进入校园，接近学生，形成安全隐患；另外，现代的大学生独生子女比较多，在处理人际关系上往往处于被动和困惑之中，加上他们往往以自我为中心，稍不如意，有的自我伤害，多数会伤害别人。

（二）宿舍消防形势严峻

现在学生家庭经济条件大多比较好，因为懒惰或因为食堂的饭菜不可口或为了使用热水方便或是没有吃苦精神而贪图享受，热得快、电饭锅、电热杯、电水壶、电磁炉、电热毯、电吹风，乃至于洗衣机、电冰箱都进入了学生宿舍，甚至还有学生自己在宿舍装空调，他们跟学校打游击，避开检查或是选择周末、假日使用；学生的电脑和音响就更加普遍，很多学生离开宿舍，电脑是不关的，插线板也不断电，安全隐患比较明显。

（三）网络安全问题比较突出

大量的案例显示，网络安全问题不断翻新，危害程度越来越大，在一定时期内网络犯罪还会持续增长。许多高校都发生了计算机遭受网络攻击以及网上诈骗、诽谤、恐吓、敲诈等案件。网络犯罪与普通违法犯罪活动的不同之处，不仅在于网络犯罪能造成相对更大的经济损失，而且由于其作案手段的虚拟性、实施活动的隐蔽性，使得案件侦破难度加大，容易引发一定的社会恐慌。常见的有 QQ 被盗、网络诈骗、因交网友不慎遭受损失等。2014 年广西一高校黄某被人以网上招兼职为由诈骗 6 000 元，还有一学生的辅导员 QQ 被盗，该生被骗子以辅导员的名义诈骗近 50 000 元。

（四）心理问题导致的不安全事件增多

由于学习和就业压力、情感挫折、经济压力、身体残疾、家庭变故、以往创伤、人际关系困惑以及不适应周边生活环境等诸多因素，一些大学生产生一系列的心理问题，有的出现严重的心态失衡，甚至患上焦虑症、强迫症、抑郁症、妄想症等心理疾病。近年来，在校大学生轻生事件屡屡发生，每年都有多名大学生自杀身亡，比如 2015 年上半年，桂林某高校一大学女生通过自杀群约了 3 名青年在一个宾馆集体烧炭自杀，还有个别大学生擅自离校（家）出走，给学校和家庭造成很大的精神压力和负担。

（五）盗窃案件发案率居高不下

个别大学生利用“天时、地利、人和”在高校进行顺手牵羊的“内盗”。据有关部门统计，全国 1 000 多所大学中，每年因盗窃而被开除学籍、拘留、判刑等的学生有数千人之多。同时，校外盗窃分子也对高校开展了“强大攻势”。

（六）集体外出活动的安全问题

青年大学生天性好动，爱好户外运动，他们或有组织地或自发地经常开展外出集体活动，也有学校安排的社团或教学活动以及党团组织活动等，外出涉及交通、游泳、恶劣天气等方面的安全问题。

此外，大学生酗酒滋事也经常发生，校园里还不时出现侵害女大学生的案件，作案人员多为校外人员，其中无业人员、外地务工人员比较多。同时，许多传销诈骗活动给学生和其家庭造成极大的痛苦和精神压力。还有，大学生在学习过程中也存在一些安全问题，比如在实验课、体育课、实习实训中等。

第二节　大学生安全教育存在的主要问题

高等院校要培养高素质的合格人才，必须加强大学生的安全教育。大学生在学好专业知识的同时，接受必要的安全教育和管理，学习和掌握适应时代要求的安全知识、自救知识和自我保护技能，增强防范意识，提高防范能力，把自己培养成德、智、体、美、劳全面发展的合格人才，是十分必要的。但是现阶段大学生安全教育依然存在诸多问题，总结起来，主要有以下三点。

一、对大学生安全教育的认识滞后

（一）没有认识到社会发展对校园安全的影响

目前，一些高校未能充分认识到市场经济的发展已把以前那种神圣封闭的校园环境悄然打破。搞好大学生安全教育，不但是保证大学生人身安全的需要，更是同西方敌对势力争夺人才的需要。当前社会形势比较复杂，改革是利益的重组与再分配，必然引发社会矛盾，促使一些人心理扭曲。近年连续发生的女大学生失联的现象，引发了人们的恐慌；还有网络媒体时代，网络诈骗此伏彼起，网络上的不良信息与言论也往往造成学生被蛊惑或是受伤害。这些是社会发展对学校安全提出的新问题，应该受到重视。

（二）对大学生安全教育与培养高素质合格人才的关系认识不够深刻

部分高校领导者忽视了大学生安全教育和素质教育的关系，没有深刻认识到搞好大学生安全教育，提高大学生自我保护能力，最大限度地保证大学生生命财产不受不法分子侵害，避免大学生本身违法犯罪行为的发生，是培养高素质合格人才最基本和最起码的要求。

（三）不能妥善处理安全教育和其他专业课的关系

一些高校以及大学生不能正确处理安全教育与其他专业课的关系，片面认为大学生安全教育可有可无，更有甚者认为安全教育不是教学的内容，不将其列入学校的教学日程之中。

二、对大学生安全教育的重视不够

（一）思想上重视，行动上忽视

安全管理、安全防范、安全教育若有若无，没有得到强化；缺乏安全预案与日常的安全隐患排查，重点节点、重点部位、重点人群和重点时段不明确，没有安全工作台账；没有必要的安全维稳队伍及培训机制，缺乏相应的安全管理和教育经费，人防、物防、技防措施不到位；“历史上的事故当作今天的事故来对待，小事故当作大事故来对待，隐患当事故来对待，别人的事故当自己的事故来对待”的观念没有在行动上充分体现，等等。

（二）领导机制不健全

学校安全教育到底采取什么样的运行机制，以什么形式纳入学校教学系列，从上到下没有明确的规定。有的学校把大学生安全教育放在学校安全工作领导小组，有的放在学生工作部（处），有的放在保卫处，并且有的高校是后勤与保卫合并称为后勤保卫处，新举办的独立学院以及民办高校机构设置就更加各不相同，从管理体制上没有形成合力。

（三）没有把大学生安全教育作为学校教学工作的一部分

大学生安全教育一直缺乏主渠道，即使搞点安全教育，也只是零敲碎打，而不是作为学校教学工作的一部分来进行。没有把安全教育与思想政治教育结合起来，没有关注到意识形态领域的安全问题，宣传思想教育不得力，有可能造成学生在一些是非面前迷茫甚至站错了队伍，影响其政治上的安全。

（四）没有把大学生安全教育纳入教学计划

大学生在校接受的整个教育中，安全教育的时间、内容、教材、教师、教学效果等，都没有统一的规划和落实，因此，大学生的安全教育在不少学校教学工作中一直没有得到应有的位置。

三、对大学生安全教育的贯彻不彻底

（一）安全教育手段落后

当前大学生安全教育采用的多是老方法、老套路，内容与形式既缺乏新意，也与目前的安全形势结合不紧密，比如涉及恐怖袭击的教育还很少，教学手段上不求创新，基本与现代化的教学手段（录音、录像、投影、网络等）无缘。

（二）安全教育制度不健全

自觉性好的、积极性高的学校，安全教育就抓得多一点，好一点；

反之，就少一点，差一点。依靠健全的教育制度规范学校的安全教育还很不够。

（三）安全教育实训不够

各高校大多会强化学生的安全意识，讲解一些安全理论，开展安全工作往往还是老师讲、学生听，尽管报告会、讲座、班会等宣传教育不少，但是学生的消防疏散、逃生演练、消防器材使用以及自救技能培训和突发情形的现场模拟训练不足，学生只会纸上谈兵，真正面临危险时手足无措。

（四）对大学生安全教育有实用主义倾向

在大学生安全教育中，采用实用主义的态度有着一定的普遍性。主要表现在：一是上级进行安全教育检查时，就集中力量应付，检查过后就万事大吉；二是上级安排了，就组织抓一抓，上级不强调，安全教育也就搁置一边；三是发生重大案件和治安灾害事故时就急于抓，时过境迁之后就放松不管。最终导致大学生安全教育流于形式。

四、大学生自身存在的问题

（一）大学生安全意识淡薄

大学生本身对安全教育也认识模糊，只重视专业课学习，忽视自身安全教育，觉得安全知识学不学无所谓。他们在公共场所活动时、在遇到陌生人搭讪时、在社会交往时等没有防人之心，在日常的物品保管、宿舍关门落锁等方面没有安全思想和防范意识，总觉得安全事故是别人的事，离自己很遥远。

（二）大学生自我防范能力差

目前，我国大学生的平均年龄在 20 岁左右，这一年龄阶段是人生的关键时期，也是人身安全问题的多发期。现在，独生子女已成为大学生的主体，他们基本上是在父母的细心呵护和老师的关心下长大的，他们从学校到学校，对于社会的复杂性知之甚少。当他们离开父母和老师，开始独立面对纷繁复杂的社会时，就往往对可能发生的各种安全问题缺乏必要的应对办法，一味地慌乱、害怕，有时处理不当，所受伤害便会加重。

（三）大学生心理安全问题突出

由于生活节奏加快、社会压力加大以及家庭环境和个人经历等诸多原因，产生心理障碍和心理疾患的大学生日益增多。同时，因年轻、单纯、好奇心重，大学生极易受不健康文化的诱惑、误导，受到“黄赌毒”的危害，或误入背景不明的非法组织或传销组织。

第三节　大学生安全教育的原则与目的

一、大学生安全教育的原则

在对大学生进行安全教育的过程中，应遵循以下四个原则。

（一）预防为主，教育先行

预防为主,教育先行,是大学生安全教育的基本方针。“隐患险于明火，防范胜于救灾”，“凡事预则立，不预则废”等警示充分说明了预防工作的重要性。在对大学生进行安全教育的过程中，只有做好预防工作，才能最大限度地减少大学生人身受到损害、财物受到损失。但是预防工作必须以教育为先导，让大学生明确预防工作的目的、意义、作用和方法，重视预防工作。预防方法与技能的传授，需要通过教育来实现；同时安全教育本身就是一种预防措施，在安全防范工作中占有重要地位。

（二）以人为本，依法教育

大学生是安全教育活动的主体，是教育的对象和主要参与者。大学生安全教育工作必须以大学生为中心，适应大学生在校学习和生活的需要，一切安全教育的内容与方法必须有利于大学生健康成长，有利于将大学生培养成祖国建设需要的合格人才。同时，大学生安全教育工作还必须以法律、法规为准绳，依法教育，依法管理，不能以安全的名义引发不安全的因素。比如，收缴学生宿舍的大功率电器是为了安全，但如果没有充分告知和宣传，或方法简单粗暴，反而会引起学生不满，导致群体性事件的发生。

（三）实事求是，妥善处理

对大学生进行安全教育要从学生和学校的实际情况出发，力求贴近生活，不能好高骛远，脱离实际，要有现实感和亲切感，让学生易于接受。对于学生中暴露出来的安全问题，要慎重处理，既不能姑息迁就，也不能一棍子打死，要在查清真相、准确定性、找出原因、分清责任的基础上，本着教育、挽救的精神，合情、合理、合法地妥善处理。

（四）明确责任，管教结合

在安全教育过程中，学校要将教育与管理的职能有机地结合起来，建立、健全岗位责任制，将工作落到实处。主要包括以下内容：一是学校对此项工作负有领导责任，有关部门和群众组织要主动配合，同时要落实目标考核责任制，由一名校领导负责，并落实到学院（系）、年级和专业（班级）；二是学校要积极组织开展大学生安全教育活动，普及安全知识，以增强学生的安全意识和法制观念，提高其防范能力；三是要建章立制，建立安全预案，严格安全管理，加强安全防范，搞好日常工作。

二、大学生安全教育的目的

有效开展大学生安全教育和管理活动，不仅能保障大学生在校期间的人身、财物安全，保证高校安全、稳定地完成教书育人的任务，也能较好地促进大学生身心健康发展，全面提高大学生的素质，使大学生成为真正的社会栋梁。

通过对大学生开展一系列的安全教育和管理活动可以达到以下六种目的。

（一）优化育人环境，促进高校精神文明建设

通过对大学生进行安全教育与管理，可以使学生的安全防范意识得到增强，能力得到提高，在校园内形成群防群治网络，使来自社会和校园的不安全因素得到最大限度的遏制，从而有效地发现和制止违法犯罪活动，消除隐患，预防灾害事故的发生，使校园治安环境得到改善。

（二）树立大学生正确的人生观、价值观

大学时期是人生观、价值观形成的关键时期。大学生的人生观具有鲜明的时代特征，有较大的不稳定性和可塑性。当前，我国正处于社会体制转型期，传统的道德观、价值观受到严峻的挑战，有些大学生面对纷繁复杂的社会现象，感到迷茫，无所适从，渴望寻求正确的人生观、价值观的指引。大学生学习安全知识，接受安全教育与管理，正是多层次的、具体生动的人生观、价值观教育的重要一环，对学生正确人生观、价值观的形成具有重要作用。

（三）培养大学生遵纪守法的习惯

十八大以来，随着我国依法治国战略的确定，社会主义民主法制建设步伐的加快，有关教育和社会治安综合治理的法律、法规陆续出台。这些

法律、法规是根据《宪法》及其他基本法律制定的，是开展安全教育与管理和综合治理工作的法律依据。认真学习《宪法》和相关的法律、法规，熟知《高等学校校园秩序管理若干规定》和《普通高等学校学生安全教育及管理暂行规定》等法律法规，并自觉、严格地遵照执行，既是大学生作为公民应尽的一项义务，更是大学生参与校园安全教育与治安综合治理工作的行动证明。

（四）增强大学生的安全防范的知识和技能，增强自我防范能力

随着改革的深化，社会治安问题成为社会热点问题之一，备受关注。高等学校的校园治安问题也随之而来。面对严峻的治安形势，我们并非无能为力，更不应人人自危。大学生接受安全教育与管理，了解和掌握治安问题发生的原因、过程、特点和规律，以及各类治安案件构成的时间、人物、手法，学好安全防范知识，学会安全防范的技能，掌握必备的应对措施是十分重要的。通过安全防范知识和技能的学习，大学生不仅可以了解和掌握许多生活知识，培养生活自理能力，而且可以学会明辨是非、分清良莠，不致随波逐流、误入歧途；不仅可以有效地保护自我，而且可以帮助周围的同学和朋友，为树立良好的校风、学风，维护社会治安作出自己的贡献。

（五）帮助大学生学会运用法律武器，同各种违法犯罪行为作斗争

社会主义法律、法规是维护社会治安秩序，保护公民人身权利和民主权利的有力武器。大学生学法守法，依法保护自身的合法权益，与运用法律武器同违法犯罪行为作斗争，在本质上是一致的。因为各种违法犯罪行为都会不同程度地直接或间接地破坏校园秩序，侵害学生的合法权益。那种事不关己，高高挂起，对违法犯罪行为熟视无睹、避而远之的态度是十分错误的，那样只会助长犯罪分子的气焰，让其变本加厉地侵害学生的权益。只有每个大学生都在学法守法的基础上，运用法律武器勇敢地同坏人作斗争，并在社会上形成气候，使违法犯罪分子如同过街老鼠，人人喊打，才能从根本上遏制违法犯罪活动。

（六）维护大学生的心理健康，促进其身心协调发展

大学生的心理发展处于渐趋成熟期，心理状态还比较稚嫩和脆弱。他们不仅要面对学习压力，而且要面对交友、恋爱、择业等多种困扰，特别是在社会变革的大潮中，许多学生在心理上难以适应，彷徨迷茫，甚至做出越轨行为。例如，一些学生因学习压力大，学习方法不当而深感苦恼；一些学生因不善于处理人际关系而郁郁寡欢；一些学生因日常的琐事而大

动干戈；一些学生休学、退学，甚至自杀。究其原因，学生的心理调适出现问题是重要因素之一。通过安全教育与管理活动，可以帮助学生克服心理上、行为上的适应困难，增强自控能力，学会调控自己的情绪、欲望和言行，协调个人与他人、社会、环境的关系，培养良好的心理素质，促进身心健康、协调发展。

第二章　当代大学生国家安全教育

习近平总书记在会见全国国家安全机关总结表彰大会代表时强调，当前，我国正处在全面建成小康社会、全面深化改革、全面依法治国、全面从严治党的重要时期，面临复杂多变的安全和发展环境，各种可以预见和难以预见的风险因素明显增多，维护国家安全和社会稳定任务繁重艰巨。要高度重视加强国家安全工作，把思想和行动统一到党中央对国家安全工作的决策部署上来，依法防范、制止、打击危害我国国家安全和利益的违法犯罪活动。各级党委和政府要重视、理解、支持国家安全机关工作，同心协力开创国家安全工作新局面。

第一节　维护国家安全

一、国家安全的概念

首先，国家安全指的是国家没有外部的威胁与侵害的客观状态。所谓外部的威胁与侵害，大致可分为外部自然界的威胁和侵害与外部社会的威胁和侵害两大类。外部社会威胁和侵害包括：其他国家的威胁；非国家的其他外部社会组织和个人的威胁，如某些国际组织或地区组织对某国的威胁和侵害；国内力量在外部所形成的威胁和侵害，如国内反叛组织在国外从事的威胁和侵害本国的活动。

其次，国家安全指的是国家没有内部的混乱与疾患的客观状态。危及国家生存的力量不仅仅来源于一个国家的外部，还时常来源于一个国家的内部。国内的混乱、动乱、骚乱、暴乱，以及其他各种形式的疾患，都会直接危害到国家生存，造成国家的不安全。因此国家安全必然包括没有内部混乱和疾患的要求。仅仅没有外部的威胁和侵害，国家并不一定就会安全。

最后，国家安全指的是在同时没有内外两方面危害的条件下的客观状态，因此，只有这两个方面的统一，才有国家安全。

二、国家安全的构成

（一）政治安全

政治安全是指国家保障基本政治制度与体制的安全。政治安全的主体是国家的基本制度、政治体制及主导这种制度与体制的主体意识形态。它要求国家确立的基本制度得以保持，政治体制要相对稳定，主体意识形态得以维护。

保持社会主义制度是我国政治安全的基本要求，坚持中国共产党的领导是政治安全的核心内容。从性质上看，中国政治安全的本质是政权问题。从我国内部情况来看，祖国统一进程正受到少数“台独分子”的严重干扰，极少数民族分裂势力企图在56个民族大家庭中间制造裂隙，某些邪教大肆宣扬歪理邪说，这些都构成了对政治安全的威胁。政治安全更多的是通过外交斗争和政府行为来维护的，但也离不开经济实力和军事实力的支撑。此外，政治安全也是增强民族凝聚力的重要基础。

（二）经济安全

国家经济是否存在危险或受到威胁，即经济安全，居于国家安全的核心地位。当前，经济全球化和一体化进程正在加速，各国在经济上的相互依赖和联系日趋加深，一个国家经济出现风吹草动，也会对其他国家产生或利或弊的影响。国际经济大循环是一个开放性体系，必然存在各种隐患，这是经济发展所面临的外部危险和威胁。一些外部因素越来越对国家经济安全构成新的挑战，如环境污染、跨国犯罪、金融危机、知识霸权、核心技术控制、地下经济、国际贸易、跨国公司等。

（三）文化安全

每一个国家、每一个民族都有自身认同的传统文化，它贯穿在国家的政治、经济活动以及人们的日常生活之中。事实上，文化往往是国家政治的基础，一国的政治信念、战略目标、对内对外政策等，无不体现出传统文化的倾向与特征。

在当今国际体系中，文化交流速度加快、力度加大、层次加深，文化交流成为一种司空见惯的国际关系现象。值得注意的是，在当今世界多元的文化交流中，某些所谓的“文化交流”并不是纯粹的、真实意义上的文化交流，而往往具有国际政治背景。一些国家以文化交流为手段，灌输其强权政治意图。那些在国际政治、经济中占据优势的国家，为了自身利益和推行他们的国家战略和国际战略，往往以文化为手段和途径，达到其文化之外的目的,把他们的文化价值观念强加于人,构成文化侵略或文化扩张。

（四）军事安全

军事安全常常被称为国防安全或领土安全，是指一个国家免于军事入侵和军事威胁。让国家免于战争和军事冲突，是国家安全中最传统、最基本的内容。但至今还有某些工作部门或人士将国家安全片面地理解为军事安全。

然而，单纯或过度依赖军事力量并不能必然维护国家安全。随着和平与发展成为时代的主题，单纯以军事安全来衡量国家安全的时代已成为历史，军事力量的发展必须与经济实力相称，危险的军备竞争更令人警觉。不过，也有少数国家逆潮流而动，过分强调军事安全。

（五）科技安全

邓小平提出“科学技术是第一生产力”的思想。科学技术与国家安全越来越显示出紧密的关系。首先，我们从国家主权的角度，看看世界范围的科技革命对传统国家安全的影响。

从主权行使的范围来看，发达国家可以利用空间技术、海洋技术和信息技术，把国家的权力扩展到太空和远洋，而大多数发展中国家传统概念上的领空、领海主权尚难完全实现。从行使主权的质量看，发达国家拥有越来越先进的技术手段，通过高新技术优势确立南北关系中的主从地位，发展中国家在技术转让、经济发展、军备建设以及传统文化的保持等方面处于被动的、脆弱的地位。

由于科技已经成为综合国力的重要标志，它在很大程度上决定了国家的发展进程，为使国家跻身于强国之列，许多国家纷纷推出科技强国战略，使国家与国家之间围绕科学技术展开竞争。这既需要获取先进的科学技术，同时又要保护本国的科学技术成果，从而形成了另外类型的科技安全问题。

三、危害国家安全的行为

《中华人民共和国国家安全法》及其《实施细则》所称危害国家安全

的行为，是指境外机构、组织、个人实施或者指使、资助他人实施的，或者境内机构、组织、个人与境外机构、组织、个人相勾结实施的危害中华人民共和国国家安全的行为，包括以下几个方面：

1. 阴谋颠覆政府，分裂国家，推翻社会主义制度的；
2. 参加间谍组织或者接受间谍组织及其代理人的任务的；
3. 窃取、刺探、收买、非法提供国家秘密的；
4. 策划、勾引、收买国家工作人员叛变的；
5. 进行危害国家安全的其他破坏活动的。

四、敌对势力危害国家安全的常用手段

境外敌对势力和间谍情报机关为了“分化”、“西化”社会主义中国，常常采取情报窃密、勾连策反、心战谋略、行动破坏等手段，具体包括以下内容：

1. 通过书刊、广播、音像、传单、通讯等途径，编造谣言，借题发挥，以偏概全，挑拨离间，虚张声势，进行反动“心战”宣传，扰乱师生员工的心绪，煽动不满情绪，实现其颠覆、破坏的目的。

2. 策划成立旨在预谋分裂中国、推翻社会主义制度的暴力集团、恐怖组织、反动宗教团体、社会团体和企事业单位，或为其提供经费、场地和物资等支持。

3. 利用各种渠道，以公开或秘密的方式，灌输西方的政治、经济模式、价值观念及腐朽的生活方式，培养“和平演变”的“内应力量”。

4. 采取金钱物质引诱、许诺出国担保、色情勾引、抓其把柄等手法，或打着学术交流、参观访问、照相留念和文明结友等幌子，刺探、套取、收买我国政治、经济、军事、科技、文化等方面的秘密。

五、大学生维护国家安全的方法

（一）树立国家安全意识

大学生都应当成为国家安全和利益的自觉维护者，自觉树立国家安全意识。具体而言，应做到以下几点。

1. 要始终树立国家利益高于一切的观念。
2. 要努力熟悉有关国家安全的法律、法规。
3. 要善于识别各种伪装。

4. 要积极配合国家安全机关的工作。

5. 要严守党和国家秘密，自觉地同泄密行为和窃密行径作斗争。

6. 收到各种反动宣传品，不要传看，要及时交到学校保卫部门。

7. 要克服妄自菲薄、崇洋媚外等不正确思想。

8. 注意对外交往。

（二）自觉履行维护国家安全的义务

具体而言，作为高校大学生履行国家安全义务应从以下几个方面入手：

1. 应当积极接受维护国家安全的教育，动员、组织周围的学生防范、制止危害国家安全的行为。

2. 应当为国家安全工作提供便利条件或者其他协助。

3. 发现危害国家安全的行为，应当直接或通过所在组织及时向国家安全机关或者公安机关报告。

4. 在国家安全机关调查了解有关危害国家安全的情况、收集有关证据时，应当如实提供，不得拒绝。

5. 应当保守所知悉的国家秘密。

6. 不得非法持有属于国家秘密的文件、资料和其他物品。

7. 不得非法持有、使用窃听、窃照等专用间谍器材。

第二节　保守国家秘密

一、国家秘密的概念

所谓国家秘密是指关系国家的安全和利益，依照法定程序确定，在一定时间内只限一定范围的人员知情的事项。保守国家秘密是中国公民的基本义务之一。一般情况下，国家秘密包括下列事项：

1. 国家事务的重大决策中的秘密事项。

2. 国防建设和武装力量活动中的秘密事项。

3. 外交和外事活动中的秘密事项以及对外承担保密义务的事项。

4. 国民经济和社会发展中的秘密事项。

5. 科学技术中的秘密事项。

6. 维护国家安全活动和追查刑事犯罪中的秘密事项。

7. 其他经国家保密工作部门确定应当保守的国家秘密事项。

二、保密工作

（一）保密工作的概念

保密工作，是指保守国家秘密的工作，是从国家的安全和利益出发，将国家秘密控制在一定的范围和时间内，防止被非法泄露和利用，使其自身价值得到充分有效地实现，所采取的一切必要的手段和措施。它包括保密立法，保密宣传教育，建立健全规章制度，研制、开发和应用先进的防窃密、泄密的技术设备，依法进行保密检查监督，追查处理泄密事件，以及开展保密工作的理论研究等活动。高校作为我国教育和科研的重要场所，随时会被一些外国情报机构盯上，因而高校的一些重要教育活动和科研成果在一定时间和范围内属于国家秘密，在与外国人交往和交流中，需要严防泄露这些秘密。

（二）保密工作的内容

保密工作的内容很多，其主要内容有以下几个方面：

1. 公文。
2. 会议。
3. 经济。
4. 政法。
5. 国防军事。
6. 通信。
7. 科学技术。
8. 计算机。
9. 宣传报道。
10. 涉外。

（三）保密工作的重要性

1．保守国家秘密关系到国家的安全

敌对势力千方百计窃取我国政治、军事、国防科技等方面的情报，以便有针对性地采取对我国不利的措施，达到颠覆社会主义国家政权的目的。

2．保守国家秘密关系到国家的经济利益

当今世界国与国之间的竞争突出表现为经济实力方面的竞争。因此，许多国家都特别注重经济、科技情报的窃取。这些间谍千方百计地窃取我国经济和科学技术方面的情报，一旦他们窃取到这方面的情报，将为其本国、本地区获取巨额的经济利益，而我国的经济利益将遭受巨大损失。

三、大学生保守国家秘密的方法

（一）树立保密意识，养成保密习惯

高校是传授知识、运用知识和创造知识的重要场所。我国高校承担着国家自然科学和社会科学方面的大量研究任务，有一些研究在国际上处于领先地位。因此，高校中存有国家秘密，有些秘密的密级还比较高。高校所掌握的国家秘密一旦泄露，必将给国家造成严重甚至特别严重的损失。大学生特别是参与科学研究的大学生，一定要树立保密意识，养成保密习惯。

（二）自觉履行保守国家秘密的义务

保守国家秘密是每个公民的义务，大学生可从以下几个方面入手履行保守国家秘密的义务：

1. 没有经有关部门批准，不得随意带境外人员参观或进入非开放区。不准境外人员利用学术交流、讲课的机会进行系统的社会调查。不经有关部门批准，不得填写境外人员的各种调查表，或替他们写社会调查方面的文章。

2. 在国际学术会议或国外刊物上发表文章，要按规定办理审查手续。不得为境外人员提供或代购内部读物和资料。

3. 自觉遵守保密条例。

4. 遵守对外通信保密的有关规定。

5. 在与境外人员接触时不要带涉密文件、资料和记有秘密事项的记录本。对方索取科技成果、学术报告、重要论文和资料、样品或公开询问我内部秘密时，要区别情况，灵活予以拒绝。

6. 在对外交往中做到内外有别。

第三章　当代大学生学习中的安全

在大学期间，学生的主要任务是学习科学文化知识和各种技能，校内听课、校外实习和课外社会实践活动等构成了大学生活的主要内容。了解并掌握学习过程中的安全防范知识，对于大学生顺利度过大学生活并健康成长有着非常重要的作用。

第一节　实验室安全

在大学教学中，实验教学是培养大学生实践能力、科研方法的重要环节。但实验教学有可能引发爆炸、火灾、触电、中毒、烫伤、灼伤等安全问题，因此，必须对实验教学的各环节加强管理，消除事故隐患，营造安全的实验教学环境。

一、实验室安全的内容

（一）防爆炸

实验室中造成爆炸的主要原因是操作不当。因此，在实验操作中，对于仪器如何使用、药品如何取用、如何给物质加热等，都应严格按照要求进行操作。主要应做到以下几个方面：

1. 实验人员一定要加强对实验中用到的易燃、易爆物品的管理，严格按计量分配，按操作规程取用。

2. 实验室内存放的易燃、易爆等物品要放在安全可靠的地方，并由专人保管。炸药、雷管等如需存放则必须经公安机关审批并妥善保管，防止丢失和爆炸。

3. 在使用易燃易爆危险物品时，一定要加强安全警戒工作，实验者要佩戴防护设施，严禁无关人员进入实验室。

4. 需要使用高压容器的实验，首先要进行安全检查，严防气体、液体泄漏；其次，严禁日光曝晒并远离热源；再次，高压容器充装不宜过满，且专门使用，不要混装，设置提醒标志，并时刻注意时间。

5. 在进行各种有潜在危险的实验时，要精力集中，不能中途外出、思想开小差或进行其他与实验无关的事情。

案例：玻璃封管爆炸

某高校化学实验室的李某在进行实验时，往玻璃封管内加入氨水20 ml，硫酸亚铁1 g，原料4 g，加热温度160 ℃。当事人在观察温度时，封管突然发生爆炸，整个反应体系被完全炸碎。当事人额头受伤，幸亏当时戴了防护眼镜，才使双眼没有受到伤害。

原因分析：玻璃封管不耐高压，且在反应过程中无法检测管内压力。氨水在高温下变为氨气和水蒸气，产生较大的压力，致使玻璃封管爆炸。

经验教训：化学实验必须在通风柜内进行，密闭系统和有压力的实验必须在特种实验室里进行。

（二）防火灾

实验室中也很容易发生火灾，因而要加强实验室防火工作。具体来说，要做到以下几个方面：

1. 要建立防火工作安全制度和责任制度，经常组织实验室工作人员和参加实验的大学生学习消防安全知识，要经常对实验室内的仪器、设备、电气线路、危险品进行安全检查。

2. 各实验室，尤其是化学危险品仓库要有专人负责消防工作，易燃、易爆物品不得在露天、潮湿、漏雨或低洼易积水、空气不流通的地方存放；不得将与防护、灭火方法相抵触的化学危险品存放在同一处。

3. 禁止将与实验无关的物品带进实验室，不准在实验室内堆放可燃、易燃物品。要保持实验室内外消防安全通道畅通，严禁占用走廊堆放物品。

4. 在实验室内，要严禁非工作用电炉或其他明火。若因实验需要使用时，必须远离可燃物和易燃、易爆化学物品，使用中要时刻注意消防安全，停电或停用后要及时切断电源。同时，实验室和实验大楼内严禁吸烟，特别是使用有机溶剂做实验时，绝不允许有明火存在，因为有机溶剂是一种极易燃烧和爆炸的物品。

5. 实验室内必须配备符合要求的消防器材，且要摆放在显眼、易于取用的地方，并定期检查，确保有效。

（6）实验结束后，参加实验的同学不要急于离开实验室，要对实验室进行全面清理，如关闭电源、水源、气源，处理残存的化学物品，清扫易燃的纸屑等杂物，以消除火灾隐患。

案例：金属钠燃烧

2004 年 3 月某高校化学实验室王某将 1 升工业乙醇倒入放在水槽中的塑料盆，然后将金属钠皮用剪刀剪成小块，放入盆中。开始时反应较慢，不久盆内温度升高，反应激烈。当事人即拉下通风柜，把剪刀随手放在水槽边。这时水槽边的废溶剂桶外壳突然着火，并迅速引燃了水槽中的乙醇。当事人立刻将燃烧的废溶剂桶拿到走廊上，同时用灭火器扑救水槽中燃烧的乙醇。此时走廊上火势也逐渐扩大，直至引燃了四扇门框。

原因分析：反应时放出氢气和大量的热量，氢气被点燃并引燃了旁边的废溶剂造成火灾事故。

经验教训：处理金属钠时必须清理周围易燃物品；一次处理量不宜过多；注意通风效果，及时排除氢气；或与安全部门联系，在空旷的地方处理。

（三）防触电

在实验过程中，有可能会发生触电事故，因而要注意防止实验过程中的触电。具体来说，要做到以下几个方面：

1. 实验室内要选用符合安全供电标准的供电线路，布设的电线截面积和保险丝要符合负载要求，且要定期检修和更换供电线路。安装电器设备要做到电流、电压与用电器的标称值匹配。一般情况下（有特殊标注者除外），用电器都应接地，并经常检查接地是否良好。

2. 实验室内要设总配电盘，装设漏电自动保护器。所有电工工具应有良好的绝缘手柄，所有用电器外壳应接上地线。

3. 在实验前，要对各种移动电具和线路认真检查，确保绝缘良好；在试验中，任课教师要严格控制学生实验用电，尽量使用 36 伏以下的安全电压；在实验后，要切记将总电源断开。

4. 切断电源后才能进行检修电源线、电器清洁等。切忌带电操作，不能弄湿电源线，不能用潮湿的手触摸正在工作的电器设备。电线或电器盒盖破损要及时修复，以免高压导线裸露伤人。

（四）防中毒

在实验室中，除了有易燃、易爆物品外，很多化学药品还具有腐蚀性和刺激性，对人体有较大的危害，如使用不当，就会造成中毒等事故。而要在实验过程中防止中毒，就需要做到以下几个方面：

1. 采购剧毒物品必须持有《化学危险品采购证》，购置回来后要实行双人、双锁保管，领用时要实行专人审批、限量发放、双人监督配制等。

2. 实验室要做好通风排气工作，参加实验的学生切不可在通风条件不好的环境中进行有毒实验。有强刺激或有毒烟雾的实验必须在通风橱内进行。使用水银做实验，要防止水银蒸气中毒。

3. 严格按操作规程操作，尽量避免各种有毒物品侵入人体的皮肤、呼吸系统和消化系统。禁止用手直接取用任何化学药品，称量或使用有毒药品时必须戴橡皮手套和防护用具，并在有防护的通风橱里进行。

4. 学生在实验后仍有剧毒药品剩余时，要及时退还，绝不能出于好奇或其他目的私自存放。严防学生将毒品带出实验室。1994 年的清华投毒案、2013 年的复旦投毒案都是实验室有毒物品管理疏漏导致流出，造成伤害事故。

5. 严禁在实验区域内饮水、进食，严禁用实验室器皿饮水，或把食具带进实验室。

6. 有毒药品的使用要严格按规定操作，如有撒落，应立即按照科学方法处理。接触过有毒药品的手应立即清洗干净。实验结束后，要将实验中产生的废液、废渣等妥善处理，不得随意排放。必须排放的，应经过净化处理，其有害物质浓度不得超过国家和环保部门规定的排放标准。

（五）防创伤

在实验室、实验工厂中进行金工、木工等实验时，要特别小心，以防伤到人。具体来说，要做到以下几个方面：

1. 切不可在用钻孔器、锥子、针等切割和穿透物品时，以另一只手给物品作垫层，以免穿透时被机械击伤。

2. 切不可在进行弹、喷、射击等实验时对着人，以防伤人。

3. 在有较大噪音环境中进行实验时，应注意个人防护，如戴耳塞、耳罩、耳棉等，以免造成耳聋、耳鸣等严重后果。

4. 要正确使用玻璃器材。

5. 切不可把手插进螺孔或管子中，以防毛刺刮伤。

6. 要备好急救药品箱，配全实验室一般伤害处理药品，以备急用。

（六）防灼伤

在实验室中，有很多强腐蚀性物质、强氧化剂、强还原剂，如浓酸、浓碱、氢氟酸、钠、溴等，皮肤直接接触到这些物质便会引起局部外伤，即灼伤。要想在实验过程中不被灼伤，需要做到以下几个方面：

1. 做实验时，一定要小心谨慎，穿戴隔离衣帽、口罩和防护手套，尽量不要让药品接触到自己的皮肤。

2. 不要用乙醇等有机溶剂擦洗溅在皮肤上的药品，这种做法反而会加快皮肤对药品的吸收速度。

3. 在化学实验室里，应该一直戴护目镜（平光玻璃或有机玻璃眼镜），防止眼睛受刺激性气体熏染，防止任何化学药品特别是强酸、强碱、玻璃屑等异物进入眼内。

案例：盐酸气伤人

2005 年 8 月 2 日某校化学实验室王某、赵某等人在安装高压釜的紧固件和阀门。在前几日拆卸时已将管道内氯硅烷液体放出，为挡灰尘用简易塞将氯硅烷液相管塞住。当时并没有感觉到有压力和液体积存。在安装氯硅烷液相管时，当事人将简易塞拔下的一刹那，突然有一股氯硅烷挥发气体冲出，此时正值王某俯身紧固螺丝，来不及躲闪，正好喷到脸上和两手臂上，将其灼伤。

原因分析：这套高压釜反应装置被安置在棚内，当时又正值高温时节，棚内温度超过 40 ℃，管内残留的氯硅烷变为气体，产生了一定的压力，拔去塞子时氯硅烷气体就冲了出来。

经验教训：科研人员对高温情况下化学试剂可能带来的危险性认识不足，又忽视了防护用品的使用，扩大了受伤部位。

（七）防细菌感染

在进行细菌、生物实验时，如不够小心，很可能会引起细菌感染。为此，要特别注意做到以下几个方面：

1. 实验用细菌必须有专人管理，在做细菌实验时，严禁他人随便进入实验室。

2. 不能将细菌瓶、箱随处存放，严防细菌泄漏、扩散。

3. 要明确细菌和生物是否对人体有危害性，特别是做病菌实验时，一定要做好防护工作，以免被细菌、病菌感染。接触血液、感染性物质、动物、污染表面或设备的操作，宜戴大小合适、柔软舒适的手套。可能发生感染材料溢出、溅出的操作，应戴两副手套。穿戴前检查有无破损、污染。

4. 进行细菌、动物实验的人员，做完实验后要进行消毒。

5. 做完实验后，要对用后动物进行消毒，并妥善处置。

6. 实验室中一次性使用的污染材料可高压灭菌后焚烧或直接焚烧；可反复利用的已被污染的材料应选择先消毒再高压灭菌或直接高压灭菌。灭菌后的材料经洗涤、干燥、包扎，再灭菌后使用，不提倡用干热法处理生物废物，用微波、紫外线、离子辐射等方法处理也不合适。

（八）防辐射

所谓放射性物质是指含有能自发放射出穿透力很强射线元素的物质。这种射线是人的感官察觉不到的，必须采用特殊仪器才能测定出来。因此，学生在试验中接触放射性物品时必须十分小心，并努力做到以下几个方面：

1. 要设专人对放射性物品的性能、存放库、操作室的辐射情况进行检测，且使用人员必须经过培训持证上岗。

2. 必须将放射性物品存放在防辐射箱内，使用完后必须及时入库保管。

3. 要加强对放射性物品的安全管理，严禁被盗、被烧及流入社会。

二、实验室安全事故的预防措施

实验室安全事故的预防，是做好大学生安全教育的重要内容。具体来说，要做好以下几个方面的措施：

1. 了解实验室配备的消防器材，并学会使用，熟悉消防通道的位置。

2. 做实验时，不要将与实验无关的物品带进实验室，不要在实验室内存放可燃、易燃物品。

3. 实验工厂和实验大楼内严禁吸烟，特别是使用易燃易爆的有机溶剂做实验时，一定保证没有明火。

4. 仪器使用前，先了解其性能、配备及正确操作方法，零件及附件严禁拆卸，勿私自调整，并注意插座电压（110V 或 220V）的类别，切勿触摸电极或电泳槽内溶液，手湿切勿开启电源。

5. 在实验室内，请戴手套，穿着实验服（最好长及膝盖下），避免暴露肌肤；戴眼镜或安全护目镜；留有长发者,应戴帽套(将头发卷入套内)，或用橡皮圈束于脑后，以防头发着火或污染实验。

6. 实验前详阅实验内容，了解实验细节的原理及操作，实验进行中有任何状况或疑问，随时发问，切勿私自变更实验程序。打翻任何药品试剂及器皿时，请随即清理。

7. 不要随意触摸和打开各种试剂，不要使用不知成分的物质，不要任意混合各种试剂，以免发生意外事故。

8. 洗液、浓酸、浓碱具有强腐蚀性，应避免溅落在皮肤、衣物、书本上，更应防止溅入眼睛里。

9. 易燃、易爆、剧毒化学试剂和高压气瓶要严格按有关规定领用、存放和保管。

10. 实验结束后，不要急于离开实验室，要对实验室进行全面清理，如洗净双手，关闭电源、水源、气源，处理残存的化学物品，清扫易燃的纸屑等杂物，消灭火灾隐患。

三、实验室安全事故的急救措施

在实验室中，倘若发生伤害事故，需要采取以下急救措施：

1. 在烫伤后，不能用水冲洗，一般可在伤口处擦烫伤油膏或用浓高锰酸钾溶液擦至皮肤变为棕色，再涂上凡士林或烫伤油膏；被磷灼伤后，应用 1% 的硝酸银溶液、5% 的硫酸铜溶液或高锰酸钾溶液洗涤伤处，然后进行包扎。

2. 在扎伤后，切勿用手抚摸伤口，也不能用水冲洗。若伤口较大、流血较多时，可用纱布压在伤口上止血，并立即到医务室或医院治疗；若伤口里有碎玻璃片，应先用消过毒的镊子取出来，在伤口上擦红药水或龙胆紫药水，消毒后用止血粉外敷，再用纱布包扎。

3. 在误吞有毒物后，可给中毒者服肥皂水、芥末水等催吐剂，或把 1% 的稀硫酸铜溶液加入一杯温水中给中毒者服用以引起呕吐，然后送医院治疗。

4. 在吸入毒气后，若中毒较轻，应把中毒者移到空气新鲜的地方，解松衣服（注意保温），安静休息即可，必要时，可吸入氧气，但不要随便使用人工呼吸；氯气中毒时，可吸入少量酒精和乙醚的混合蒸汽解毒，严禁进行人工呼吸；中毒较重者应立即送医院治疗。

5. 在皮肤受（强）碱腐蚀后，应先用大量水冲洗，再用 2% 的醋酸溶液或硼酸溶液清洗，然后用水冲洗；若碱液溅入眼内，应用硼酸溶液冲洗。如受酸腐蚀，应先用干净的毛巾擦净伤处，再用大量的水冲洗，然后用饱和碳酸氢钠溶液（或稀氨水、肥皂水）冲洗，最后用水冲洗，涂上甘油；若酸溅入眼中，先用大量水冲洗，然后马上送医院治疗。

第二节　课外学习和实习期间的安全

一、课外学习的安全

对于大学生而言，其课外学习主要有两个方面，一是图书馆学习，二是教室自习。但不管是在图书馆学习，还是在教室自习，都要注意安全。

（一）图书馆学习的安全

在大学生活中，图书馆是不可或缺的学习场所。大学生在图书馆学习时，要注意以下几个方面：

1. 要注意看管好自己的财物。在图书馆中，不少同学习惯于先用书包、随身听等物品占座位，然后再去借书。经常有同学在借书完毕回到座位上时，会发现自己的书包、随身听、手机、钱夹等贵重物品不见了。

2. 要注意了解图书馆的结构，尤其要记清图书馆的安全通道。一旦在图书馆学习中发生了意外事故，就可以迅速找到安全通道，并以最快的速度逃离险境。

3. 发生意外时，立刻大声呼叫，寻求旁边的人帮助或者立刻报警。

案例：电脑不翼而飞

2009 年 10 月 8 日晚，安徽某学院丁同学在老图书馆一楼自习室看书时手提电脑（华硕，价格 5 600 元）被盗。该同学晚上 6 点多来到图书馆，到了自习室后，将电脑放在自己侧面 5 米左右的桌子上进行充电。据丁同学说，在 10 点半左右看了一次，电脑还在。之后自己就埋头写东西，没有注意看电脑，直到 11 点图书馆要关门，自己离开时才发现电脑不在了。丁同学后悔不已，不仅自己经济受到了损失，而且电脑里的很多学习资料也随之丢失了。

原因分析：该同学将电脑放在自己视线之外，而且注意力集中在学习上，也没有留意身边是否有可疑人物。

经验教训：不要将电脑、手机等贵重物品放在自己的视线之外，人离开时要随身携带或找人代为看管；不要用装有贵重物品的书包等在公共场所占位置，防止被人拎走；在公共场所放置贵重物品时，要留意身边是否有可疑的人。

（二）教室自习的安全

教室自习的安全问题，除了跟在图书馆学习存在同样的安全隐患之外，最大的安全隐患则是女同学容易受到骚扰。女同学在教室自习时，应该注意以下几个方面：

1. 避免一个人在偏僻的教室学习，不给犯罪分子以可乘之机。一般来说，教室里如果有三四人以上，犯罪分子是不敢轻举妄动的。

2. 在教室上晚自习不可待得太迟。如果一定要学得很晚，就要和其他同学结伴而行，实在无伴或感到有危险时，可与校保卫部门联系，请求保卫人员护送。保卫人员有义务将晚归的女生安全送回宿舍。

案例 1：桂林某高校设立的考研自习室与宿舍之间的道路另一边是一片小树林。一天晚上，最后离开的一名女生离开教室时已将近深夜零点，走了一段，突然从小树林中走出一名男青年，抓住女生就往树林里拉，该女生奋力反抗，摆脱了男青年的纠缠跑回到宿舍。

原因分析：高校的校园一般都比较大，也不会是全封闭的，学生模样的社会青年很容易出入，有些不良的社会青年，会盯上深夜校园里单独行走的女生，趁机实施侵害。当然，也不完全排除男同学有违法犯罪的可能。

经验教训：遇到这种情况，不要过分恐慌，毕竟是在校园里面，有保安巡逻。受到骚扰时可以大声呼救和奋力反抗，不法分子往往就会因为心虚而终止违法行为。

3. 若是真的遭到骚扰，不要害怕、惊慌，应大声严厉斥责。若犯罪嫌疑人动手动脚，除大声严厉斥责外，还要极力反抗，并伺机逃离现场，立即向校保卫部门报案或呼喊附近的老师、同学，将犯罪嫌疑人抓获。

案例 2：晚上自习室遭遇男子骚扰

北京某高校 4 名女生在教学楼上自习时，遭遇了一名露阴男子的骚扰。“留下来就是想好好学习，没想到遇见这样的事情。”遭遇当晚的惊吓后，女研究生小北如今已经不敢去该教室上自习了。当时小北正在翻查资料，隔着过道坐在她左前方的一位男子突然晃动起来，“他腰上挂着一串钥匙，很响”，小北抬头一望，他的下身竟然没穿裤子。除了小北及这位男子，当时教室还有 3 位女生。“那些人我都不认识。”小北很惶恐，因害怕他做出更过激的行为，她除了把头扭开外，不敢声张。大约十几分钟后，“他换到另一个位置去骚扰别的女生时，我就赶紧跑了。”出了教室后，小北赶紧报学校保卫处，校保卫处马上派人前去察看，但该男子已经逃逸。

原因分析：因为当时正是放寒假，只有指定的教学楼可以上晚自习，而且上晚自习的人少。

经验教训：晚上特别是女生不要一个人到较为偏僻的教室上晚自习；要观察身边是否有可疑的人在走动；不要在自习室待得太晚；学校保卫处要加强对教室的巡逻。

二、实习期间的工作安全

对于大学生来说，实习是其职业生涯的前奏，即将或正在进行实习的大学生，要特别注意实习期间的安全。

（一）不同岗位实习的安全

在这里，我们主要介绍教育实习、生产实习和医学实习的安全。

1. 教育实习的安全。一般来说，师范生教育实习的环境相对安全，但要确保顺利完成授课任务和班主任见习工作，还需要注意以下几个方面：

（1）实习教师要切实把自己当做老师，注意角色的转换，在任教期间对学生要一视同仁，不能体罚学生。对犯错误的学生不能打骂、不能讽刺挖苦。

（2）实习教师在实习期间，切勿擅自组织游泳、旅游和野营等活动。因为这些活动可预见的危险和不可预见的危险都很大，学校和教育主管部门也不提倡学校组织学生进行该类活动。

（3）实习教师在组织学生活动时一定要把安全因素考虑全面，确保活动安全。因为各学校为防止学生发生意外伤害事故，一般不提倡组织学生参加竞争激烈、管理难度大的活动，组织文体活动要全面考虑安全因素。

2. 生产实习的安全。大学生在生产实习过程中，切记要听从实习教师的指导，严格遵守实习单位的规章制度，特别要遵守实习单位的安全生产操作规程，并要做到以下几个方面：

（1）进生产车间实习应穿工作服，戴安全帽，穿胶鞋或运动鞋，不能穿拖鞋、高跟鞋。女同学应将头发放在安全帽里面。

（2）严禁在危险场所停留。未经指导老师允许，不得到与实习工作无关的场所活动，不要在污染严重不宜于身心健康的环境逗留。

（3）学生跟班实习时应勤看、多问，严禁私自动手操作设备开关、按钮等。尽量不要靠近高速运转的设备部件，尤其不要站在该部件运转的同一平面内。

（4）要严格遵守各工种工作规则及机械安全操作规程。

（5）车间内实习时，不要在车间内组织与实习工作无关的各类活动；工作期间，注意力一定要集中，切不可一边操作一边嬉戏打闹。

案例：实习期间“工伤”谁买单

小成是某大专学校的在校学生。2004年，学校组织小成及同学们来到一家酒店做实习生。半个月后，小成在加工面粉过程中，不慎右臂被机器轧伤。经过一段时间的治疗，小成出院，但右手功能基本丧失。小成父母前后花去医药费 5 万元。出院后，小成将学校和酒店同时推向被告席，索赔 15 万元。

法院审理后认为，实习的在校学生并不能算是劳动法意义上的劳动者，实习学生的工伤不属《工伤保险条例》调整范围，而应直接适用《民法通则》等民事法律来调整。

经验教训：在这个事故中，小成应遵守学校有关实习的规定，亦应遵守实习单位有关安全操作的规程。他所受的损害是由于自己在实习操作中的失误所引起，应由其监护人承担相应的责任。同时，学校及酒店在事故中负有疏于管理的责任，也应担负起相应的责任。据此，法院判决，学校和酒店各赔偿小成 3.3 万元。今后学校在组织学生实习的过程中，应与实习单位对实习生明确实习期间的管理及权利义务。

3. 医学实习的安全。大学生在进行医学实习时，要特别注意医德安全、操作安全和 X 射线防范安全，并要注意预防传染病。应熟悉医院的相关安全规定，严格按照执行。

（二）实习期间的生活安全

大学生在实习期间会遇到交通安全、消防安全以及食品安全问题，还要注意防被骗和被盗，这些内容在其他章节都有涉及，这里不再赘述。

案例：行李箱偷梁换柱

大学生小莫到深圳一家电子公司实习。2013 年 7 月 15 日踏上了开往深圳的列车。小莫为了解闷，从行李箱拿出了电脑看电影。到了晚上 12 点，关起电脑放回行李箱，因为自己太困了，就趴在桌子上睡着了。自己醒来，列车顺利到达深圳。小莫拿着行李箱，赶紧下车直奔公司。跟公司负责人见面之后，给他先安排住宿，第二天正式上班，这一切非常顺利。当他到了宿舍，打开行李箱，令他目瞪口呆，里面除了废报纸和几本书，什么都没有了。等他缓过神后，打量着面前的行李箱，这个跟自己的行李箱很相似，而且当时自己拿行李的时候，也就只有这个行李箱啊，怎么会拿错了呢？他百思不得其解，打了电话给老师，老师说是不是人家早就盯上你了，趁睡着的时候，就偷偷地拿一个一模一样的行李箱跟你换。听了这些，小莫懊悔不已，埋怨自己粗心大意，给小偷以可乘之机。

第三节　运动安全

大学生运动中，很可能会发生一定的运动损伤。因此，必须要加强运动安全防范。

一、运动安全的内容

大学生的运动安全主要包括三个方面的内容，一是体育课及日常训练、锻炼的安全防范，二是运动会期间的安全防范，三是校内游泳馆中的游泳安全防范。

（一）体育课及日常训练、锻炼的安全防范

要在体育课及日常训练、锻炼中保证学生的安全，从而减少运动损伤的发生，就必须做到以下几个方面：

1. 要对学生进行健康检查。对学生定期进行全面的医学检查，最好每学期进行一次，至少每年一次，特别是新入学的学生，入学时必须进行体检。对身体发育和健康状况正常的学生，可以参加正常的军训和体育课学习；对体质较弱，特别是有残疾或有疾病的学生，应减轻运动量或免于运动安排。对身体发育和健康状况正常、功能良好，尤其是体质好，并在某些运动项目上有特长的学生，可以安排参加学校运动队训练。

2. 要预防运动性伤病，建立伤病登记制度。在体育教学或运动训练中，应加强对运动场地和设备的安全检查，尽可能减少或避免伤害事故的发生。一旦发生损伤，应填写运动伤病登记卡，以利于统计、分析和研究损伤与体育教学和运动训练的关系，分析运动伤病发生的原因和机理，从而找到预防的有效方法，保证体育教学和运动训练的正常进行。

3. 要合理安排体育课的运动负荷。在增加体育课运动的负荷时，应遵循循序渐进的原则，不能突然或过猛，而是要逐步提高要求，否则会给学生身体带来不良影响，造成过度疲劳或局部劳损。

4. 要加强对女学生的卫生保健指导。女学生由于生理特点的影响，在月经期上体育课或参加运动训练时，要减少运动负荷和运动强度，避免做剧烈的或震动大的跑、跳动作。对月经期出现病理性反应的学生，应在经期暂停运动训练，并严禁参加比赛。

5. 要注意运动训练的禁忌症。凡是有下列情况之一者，禁止参加军训和运动：先天性心脏病、高血压、运动神经疾病（如骨骼、关节、脊柱变形等）、中枢神经系统疾病和末梢神经系统疾病（如精神病和癫痫病等）等患者。

6. 要注意采取适当的恢复措施。在体育教学或运动训练结束后，无论是在体力还是在脑力上的消耗都是很大的，如果不采取一些切实可行的恢

复措施，疲劳就不能得到及时的消除，进而会影响第二天的训练和文化课的学习，长此以往很容易形成疲劳积累，从而导致过度疲劳。因此，体育课结束和运动训练后的整理活动、按摩、洗热水澡等物理措施都是很好的办法，同时还要注意补充在运动中消耗的营养物质，并保证充足的睡眠。

案例：铁饼伤人

某高校体育教师正在带领学生进行铁饼训练，一名学生将铁饼投掷完后，学生何某正要用投掷的方式进行回饼，此时，田径场上刚好有一个班的学生在跑步。体育老师发现何某要投回来刚要制止，但为时已晚，铁饼向跑道上的同学们飞去，砸在了大二学生李某的头部，致使其头部受伤。辅导员闻讯后，与体育老师一起迅速将李某送往医院并及时通知了家长，经诊断其为颅脑损伤，右额额部硬膜外出血。

原因分析：何某没有遵守铁饼投掷的规定，也没有观察周围的情况，擅自回投，方向偏离，导致了砸伤旁人的事故。

经验教训：训练前体育老师要强调各种体育仪器使用规定，学生要严格遵守，任何人不得以投掷的方式回饼。训练投掷项目时，要时刻注意周围的人走动的情况，以免造成不必要的事故。

（二）运动会期间的安全防范

运动会期间的安全防范包括比赛前的安全防范、比赛中的安全防范和比赛后的安全防范。

1. 比赛前的安全防范。主要涉及以下几个方面的内容：

（1）对运动员身体健康状况进行检查，感冒、发烧以及各种内脏器官有疾病者，不能参加比赛。

（2）加强运动安全教育，克服麻痹思想，提高预防损伤意识。认真做好准备活动，对可能发生运动损伤的环节和易伤部位，要及时做好预防安排。

（3）制订比赛计划和日程时，要根据当地情况，炎热的夏天应尽量避免安排剧烈的运动项目，还应尽可能保证各项目运动员有充分的休息时间。

2. 比赛中的安全防范。主要涉及以下内容：

（1）一些激烈的比赛，应配备运动饮料，避免运动员因缺水发生意外情况。

（2）比赛现场必须配备医护人员，并准备好急救用品和药品，以便对运动中出现的常见损伤及时处理，保证比赛顺利进行。

3. 比赛后的安全防范。指的是在比赛结束后应对运动员的疲劳程度、伤病的发生和发展情况进行检查，以便能及时消除疲劳或控制伤情的发展，并对其生理生化指标进行检查（如脉率、血压、体重、尿蛋白、心电图等），观察是否有异常情况出现，以便尽早采取措施进行处理，保证运动员的身心安全。

案例：参加运动会造成终身高位截瘫

某学校在田径场开展运动会。学生王刚报名参加了跳高和1 500米跑步两个项目。当天上午，他首先参加了跳高比赛。比赛时，他采用跨越式姿势跳越横杆，不巧的是，就在越过横杆后，他直直地摔在沙坑中，而且是背部着地。他当即感到两眼冒金星、胸口发闷。王刚找到校医，但校医询问情况后没有开出病假单。王刚去找班主任要求放弃下午1 500米跑时，班主任的答复是："你要能够找到人代替你，你就可以不跑。"王刚找不到人代替，就坚持参加了下午的1 500米跑步。"在运动会结束后，我一直感觉双腿乏力。"王刚回忆说。没多久，他便开始感到右脚趾冷热感觉减退，继而双脚肌力减退。经医院检查：脊髓颈3至颈6有大面积出血，伴有水肿，并压迫中枢神经。在医院保守治疗13个月后，王刚高位截瘫。

原因分析：在这场事故中，摔伤是造成王刚残疾的主要原因。而学校在运动会前没有进行必要的安全教育，没有对场地进行必要的改进（如疏松一下沙坑或铺上海绵垫），比赛时防护措施不到位是造成他摔跌成伤的原因。在他受伤后，校医没有开病假单，班主任老师没有允许其放弃参加下午的1 500米跑步，这些导致了他的病情加重。

经验教训：学校应对运动场地与器材进行安全检查，做好对运动员的保护措施；运动员受伤，校医应及时对运动员检查，如果条件不足，应送往医院，确诊病情；老师在运动员受伤的情况下，应从学生人身安全方面考虑，尊重学生的选择，停止参赛。

（三）校内游泳馆游泳安全防范

游泳不仅能防暑降温，而且能锻炼身体、增强体质。因此，游泳成为人们尤其是年轻的大学生所深爱的一项体育运动。但是我们在游泳中必须注意安全，以免发生意外事故。

1. 游泳的常识

（1）游泳基本常识

① 下水前试试水温，若水太冷，就不要下水。

② 下水时切勿太饿、太饱，饭后一小时才能下水，以免抽筋。

③ 下水前观察游泳处的环境，若有危险警告，则不能在此游泳。

（2）在游泳池游泳的安全常识

① 在水中感到寒意时，或抽筋时，应登岸休息。

② 池边不可任意推人下水，以免撞到他人或撞到池边受伤。

③ 池边不可奔跑或追逐，以免滑倒受伤。

④ 池边严禁跳水，因水浅，易造成颈椎受伤而终身瘫痪。

⑤ 戏水时，不可将他人压入水中不放，以免因呛水而窒息。

⑥ 如果在水中发现自己体力不足，无法游回池边时，应立即举手求救，或大声喊叫“救命”等待救援。

⑦ 如果发现有人溺水时，立刻呼救或打 110 请求支持，如果自己没有学过水上救生，不可贸然下水施救。

（3）游泳的禁忌

游泳能够锻炼身体、增强体质，但也有一定的禁忌，这些禁忌主要包括以下几个方面：

① 忌剧烈运动后游泳。如果剧烈运动后马上游泳，会使心脏加重负担；体温的急剧下降，会使抵抗力减弱，引起感冒、咽喉炎等。

② 忌饭前饭后游泳。饱腹游泳会影响消化功能，还会产生胃痉挛，甚至呕吐、腹痛现象。空腹游泳亦会影响食欲和消化功能，也会在游泳中发生头昏乏力等意外情况。

③ 忌高血压患者游泳。高血压，特别是顽固性的高血压，药物难以控制，游泳有诱发中风的潜在危险，应绝对避免。

④ 忌忽视游泳后的卫生。游泳后，应马上用软质干毛巾擦去身上的水垢，滴上氯霉或硼酸眼药水，擤出鼻腔分泌物。如果耳部进水，可采用“同侧跳”将水排出。然后再做几节放松体操及肢体按摩或在日光下小憩 15 到 20 分钟，以避免肌群僵化和疲劳。

⑤ 忌患中耳炎者游泳。不论是慢性还是急性中耳炎，因水进入发炎的中耳，等于“雪上加霜”，使病情加重，甚至可使颅内感染等，所以患中耳炎者一定要禁止游泳。

⑥ 忌长时间曝晒游泳。长时间曝晒会产生晒斑，或引起急性皮炎。为防止晒斑的产生，上岸后最好用伞遮阳，或到有树荫的地方休息，或用浴巾在身上保护皮肤，或在身体裸露处涂防晒霜。

⑦ 忌患急性眼结膜炎者游泳。该病病毒，特别是在游泳池里传染速度之快、范围之广令人吃惊。在该病流行季节即使是健康人，也应避免到游泳池内游泳。

⑧ 忌月经期游泳。月经期间游泳，病菌易进入子宫、输卵管等处，引起感染，导致月经不调、经量过多、经期延长。

⑨ 忌在不熟悉的水域游泳。在天然水域游泳时，切忌贸然下水。凡水域周围和水下情况复杂的都不宜下水游泳，以免发生意外。

⑩ 忌不做准备活动即游泳。水温通常总比体温低，所以下水前必须做准备活动，否则易导致身体不适。

⑪ 忌游泳后马上进食。游泳后宜休息片刻再进食，否则会突然增加胃肠的负担，久之容易引起胃肠道疾病。

⑫ 忌心脏病患者游泳。如有先天性心脏病、严重冠心病、风湿性瓣膜病、较严重心律失常等患者，对游泳应“敬而远之”。

⑬ 忌游泳时间过久。如果游泳时间过久，体温热散就会大于热发，皮肤会出现鸡皮疙瘩和寒战现象。这是夏游的禁忌期，应及时出水。游泳持续时间一般不应超过 1.5~2 小时。

⑭ 忌有癫痫病史者游泳。癫痫病无论是大发作型或小发作型，在发作时一瞬间便使人意识失控，如果在游泳中突然诱发，就难免会有“灭顶之灾”。

⑮ 忌酒后游泳。酒后游泳将使人体内储备的葡萄糖大量消耗而出现低血糖。另外，酒精能抑制肝脏正常生理功能，妨碍体内葡萄糖转化及储备，使人游泳中易发生意外。

⑯ 忌某些皮肤病患者游泳。患有某些皮肤病（如各个类型的癣、过敏性的皮肤病等）的人下水游泳，不仅容易诱发荨麻疹、接触皮炎，而且易加重病情。

2. 溺水的处理

（1）溺水的原因及症状

① 溺水的原因：溺水的原因主要是气管内吸入大量水分阻碍呼吸，或因喉头强烈痉挛，引起呼吸道关闭而窒息死亡。

② 溺水的症状：溺水时，溺水者面部青紫、肿胀、双眼充血，口腔、鼻孔和气管充满血性泡沫。肢体冰冷，脉细弱，甚至抽搐或呼吸心跳停止。

（2）溺水的预防：为了确保游泳安全，防止溺水事故的发生，必须做到以下几个方面：

① 要注意上文中游泳的禁忌。

② 要清楚自己的身体健康状况和水性，下水后不能逞能，不要贸然跳水和潜泳，更不能互相打闹，以免喝水和溺水；平时四肢较容易抽筋者不要参加游泳或不要到深水区游泳，以防发生危险。

③ 不要独自一人去游泳。至少几位同学一起去，且其中必须有熟悉水性的人参加，以便互相照顾。如果集体组织去游泳，下水前后都要清点人数，并指定救生员做专职安全保护工作。

④ 做好下水前的准备工作。先活动身体，若水温太低，可先在浅水处用水淋洗身体，待适应水温后再下水游泳。镶有假牙的同学，应将假牙取下，以防呛水时假牙落入食管或气管。

⑤ 要适时休息。如果突然觉得体力不支或身体不舒服，如眩晕、恶心、心慌或气短等，应立即上岸休息或者呼救。在游泳时，若小腿或脚部抽筋，千万不要惊慌，可用力蹬腿或做出跳跃动作，或用力按摩、拉扯抽筋部位，同时呼叫同伴救助。

（3）溺水的救治

① 校内及室内游泳池的救治要立即找来救护人员或医生。

② 对户外的溺水，可以根据自己掌握的救护知识处理或向他人求救及报警或拨打急救电话。

3. 游泳遇险后的自救与互救

（1）游泳遇险后的自救

过度疲劳的自救：① 觉得寒冷或疲劳时，应马上游回岸边。如果离岸甚远，或过度疲乏而不能立即回岸，就仰浮在水上以保留力气。② 举起一只手，放松身体，让对方拯救。不要紧抱着拯救者不放。③ 如果没有人来，就继续浮在水上，等到体力恢复后再游回岸边。

水中抽筋的自救：游泳时发生抽筋，千万不要惊慌，一定要保持镇静，停止游动，仰面浮于水面，并根据不同部位采取不同方法进行自救。如果是因为水温过低或疲劳产生小腿抽筋，则可使身体成仰卧姿势。用手握住抽筋腿的脚趾，用力向上拉，使抽筋腿伸直，并用另一腿踩水，另一手划水，帮助身体上浮，这样连续多次即可恢复正常。上岸后用中、食指尖掐进承山穴或委中穴，进行按摩。如果两手抽筋时，应迅速握紧拳头，再用力伸直，反复多次，直至复原。如单手抽筋，除做上述动作外，可按摩合谷穴、内关穴、外关穴。如果上腹部肌肉抽筋，可掐中脘穴（在脐上4寸），配合掐足三里穴，还可仰卧水里，把双腿向腹壁弯收，再行伸直，重复几次。抽筋过后，改用别种游泳姿势游回岸边。如果不得不仍用同一游泳姿势时，就要提防再次抽筋。

不慎呛水的自救：应保持冷静，在水面上闭气静卧一会儿，再把头抬出水面调整呼吸，很快就会恢复正常。如果心慌意乱，就有可能接连发生呛水，引起喉头痉挛，造成溺水而危及生命。

（2）游泳遇险后的互救

① 从前面抱住腰部的解脱方法。由于溺者的求生心理，往往会死死抱住救生者的腰部，并使脸部紧贴救生者的腹部，造成解脱困难。此时，救生者应利用人体头部姿势反射的原理，只要以一手托住溺者的下颌，另一手扶住其贴近自己另一侧头部，两手稍用力转动溺者头部，即可使其松手并离开救生者，达到解脱的目的，救生者应从其背后重新接近溺者，实行拖运。

② 从后方抱住颈部解脱方法。救生者一手按住溺者手背，另一手顶住溺者同一侧手的肘部，身体下沉，并用力向上推其肘部，按住溺者手背处用力下压，即可解脱。同时握住溺者手腕，顺势转动溺者，使其背对自己，并进行拖运。

③ 从后面拦腰抱住的解脱方法。首先，救生者被抱住后，用手触摸溺者手指，找其食指或无名指，并抓住它用力向外分开，再将溺者双手分别向上向下伸展，然后松开向下伸展之手，并立即退至其后，待溺者冷静后再进行拖运。

④ 抓住头发的解脱方法。如救生者头发被抓住，救生者应用与溺者相同之手（体位交叉之手）按住溺者之手，寻找溺者之手的小拇指，身体下沉，同时用手向上掀其手，另一手用力推其肘部，使溺者转动身体，背对自己进行拖运。

案例：大学男生游泳课考试时溺水身亡

《新快报》2009 年 6 月 24 日报道： 23 日下午，广州某体育学院社会体育专业 07 级学生在学校游泳池进行游泳科目考试，男生胡威被发现溺水身亡。据目击者同学小 A 称，当时潜水 25 米后，胡威和他都通过终点，老师也录了成绩，考完后考生便各自上岸。小 A 回忆说，到下个科目考试时，老师曾点胡威的名字，但不见其人，当时有同学说“胡威有事去办公室了”，因为胡威是该班的班长兼学院学生会主席，师生均以为他去了老师办公室帮忙，约半小时后同学才发现他沉在游泳池底，救上后经抢救两个多小时仍未能挽回他的性命。据悉，胡威身高近 1.8 米，游泳科目的成绩为优秀，却沉在 1.2 米浅水区。同学估计是胡威出现了运动休克。

原因分析： 据同学介绍，考试前未发现胡威的身体和情绪有任何异常，而且大家都做了充分的准备活动，还戴了潜泳镜，老师也专门讲了游泳的安全注意事项，包括在水底如何换气呼吸等技巧；同学说：“即使在水中出现手脚抽筋的情况，以胡威一个专业运动员的游泳技术，即使手脚动不了也能自救。”会不会是胡威在潜水考试完成后出现了运动休克，即人突然昏厥，停止呼吸，失去自救能力。游泳池是长 50 米的标准游泳池，当时游泳科目的考试区域只用到了游泳池的一半，发现胡威的水域离考试出发台约 50 米远。当时潜水考试时有游泳池的管理员在考试区域巡视，因胡威的溺水点不属于考试区域，所以不在师生视线内，不能及时发现。

经验教训：运动员要清楚自己的身体健康状况；下水前要做好充分的热身准备；在游泳中如果突然觉得身体不舒服，如眩晕、恶心、心慌、气短等，要立即上岸休息或呼救。集体游泳要时常关注同伴的情况，要及时点名，点名不在时，一定要及时找到其本人。

二、运动损伤发生的原因

运动损伤发生的原因是多方面的，既与锻炼者的运动基础、体质水平有关，也与运动项目的特点、技术难度以及运动环境等因素有关。具体来说，主要有以下几个方面的原因：

1. 思想麻痹大意是造成运动损伤发生的主要因素，其中包括运动前不检查器材、无预防措施等。

2. 运动情绪低下，或在畏难、恐惧、害羞、犹豫以及过分紧张时易发生伤害事故。有时因缺乏运动经验、自我保护能力而致伤。

3. 运动前准备活动不充分，特别是缺乏针对性准备活动，运动器官、内脏器官机能没有达到运动状态，容易造成损伤。

4. 运动场地狭窄、地面不平坦、器械安装不当或不牢固、学生拥挤或多种项目在一起活动，容易互相冲撞致伤。

5. 练习内容组合不科学、练习方法不当、纪律松散以及技术上的错误等，都可造成损伤。

6. 空气污浊、噪音干扰、光线暗淡、气温过高或过低以及运动服装不符合要求等，都可直接或间接造成伤害事故。

7. 学生身体处于疲劳或好胜好奇状态，也会常在盲目和冒失行为中受伤。

三、运动损伤的处理与急救措施

现在，各高校都有校医院，保障措施也都比较完善。对于校内的体育课、军训以及其他运动训练等的损伤可以从三个方面着手应对：一是预案先行；在事前做好安全应急预案，有专业医生在场，随时准备应对可能发生的运动损伤；二是损伤发生后，学生不要随意处置，要及时找校医院的医生到现场处理；三是日常组织学生学习一些运动损伤急救、自救的技能和技巧。

第四节　军训安全

大学生通过军训可以使自己的思想作风、意志品质、身体素质、国防观念、组织纪律、集体观念、吃苦精神等得到锻炼和提高。但是，大学生军训中也存在着一些安全隐患，因而要特别注意大学生军训安全。

一、军训安全事故举要

通常来说，军训安全的内容是非常宽泛的，包括参加军训的所有人员的人身安全、心理安全、财产安全，还包括政治宣传、军事装备、军民关系等方面的安全问题。从大学生安全教育的角度看，军训安全事故主要集中在以下几个方面：

1. 实弹射击、投弹等安全问题。
2. 中暑、食物中毒等生理健康隐患。
3. 失火、触电、雷击等公共安全隐患。
4. 打闹、嬉戏造成的人身和财产损害。
5. 军训中的交通事故等意外伤害。
6. 军训中发生的争执和纠纷等治安问题。

二、军训安全的内容

军训安全的内容，涉及军训前的安全、军训期间的安全、军训间歇的安全和实弹军训的安全等几个方面。

（一）军训前的安全

在军训前，需要做好足够的准备工作，以防止军训安全事故的发生。具体来说，需要注意以下几个方面：

1. 准备合适的装束。军训宜穿球鞋、军鞋或旅游鞋，忌穿新鞋和高帮鞋。鞋号宜稍大一点不宜小，防备雨天鞋湿，应备用一双，鞋子里面再垫一块软鞋垫。袜子要柔软，应多准备几双。

2. 注意指甲。军训前学生要正确剪指甲，以免军训时发生甲沟炎。

3. 准备饮水容器，容量要大，瓶口要大，接水时以免烫伤，最好有提手，以便携带，还要不易碎。

4. 准备常用药品，如润喉片。因为军训时不断地喊口号，易喊得口干舌燥，因而可以带点润喉片，养护嗓子。

5. 管住馋嘴。军训前，学生忌在家里吃大鱼大肉，鱼生火肉生痰，内热遇外感，军训时学生容易感冒发烧。

6. 军训如果是到部队进行封闭性训练，不要带食品。学生往往怕老师、教官发现，将食品偷着掖着藏着，住宿的地方没有空调、电冰箱，食品容易变质，食用后会引起腹泻。

（二）军训期间的安全

大学生军训一般在新生入学后的第一个月份，即八九月份，是一年中最炎热的季节，而军训又大多在室外进行，高强度训练对体能和体质都是巨大的挑战。这时候最容易出现学生中暑和晕倒现象。要预防此类事故的发生，就需要做到以下几个方面：

1. 组织人员要充分考虑热环境中训练的特点，制订合理、适度、科学的训练计划，让军事训练有张有弛，让军训学生劳逸结合，并根据受训学生适应程度逐步增加或减少训练量。与此同时，训练场地要保证有充足的水源供应和急救医生。

2. 受训学生本人一定要根据自己的身体状况参加训练，生病或身体有特殊情况不宜训练的，应请假休息或参加小运动量的训练。学生在训练过程中，感觉身体不舒服或头晕眼花时，应立刻向带训官兵报告停止训练，到阴凉处适当休息或进行必要的治疗，决不能强撑而导致严重中暑或晕倒摔伤事故的发生。

军训期间除了要防中暑外，还要注意以下几个方面：

（1）要注意补充营养，不要挑食。军训体力消耗极大，多吃一些肉类、蛋类，最好还要多喝点汤菜类，同时注意补充各种维生素。

（2）要按时作息。按时作息，养精蓄锐，为军训打下良好的硬基础。

（3）要抓紧午休。要保证睡眠，确保有充沛的体力。

（4）要避免酒精、咖啡因和烟。咖啡中含有咖啡因，有兴奋神经的作用，使入睡困难。睡眠不好，势必影响第二天的军训。

（5）要注意防病。大雨或大汗淋漓后不要急于喝水，稍微休息片刻再补充水分，也不要饮用生水，以免引起肠胃疾病。

（6）要注意防晒。出门前半小时涂防晒霜。防晒霜要随身带，一般两个小时就要涂一次。正确的步骤是先用吸油面纸擦干净脸，再涂防晒霜，不过军训汗出得多，只要有休息时间就应补涂。

（7）要注意沟通。军训生活中要学会与同学沟通，有困难要学会虚心向同学和老师请教。

（8）如果出现意外，应及时就医。

案例 1：军训开始半个小时，近百名学生晕厥

“报告教官，我不行了。”一名女同学脸色苍白、双脚无力、声音微弱。“报告，有人晕倒。”过了几分钟，又有一名女同学被抬出操场。这是发生在 2014 年 3 月安徽某大学大一新生军训首日的一幕，短短半小时内，参训的 5 000 余名新生中，就有近百名学生晕厥。军训现场学生晕倒的场景已不鲜见，不过，这次晕倒这么多学生，着实令人惊讶。

原因分析：该校老师介绍，站军姿、列队等属于基本训练，强度并不大；而且军训安排在冬季，气温适宜；出现那么多学生晕厥的原因是：一方面个别新生休息、饮食安排不当，营养供应不足，存在贫血、低血糖等情况；另一方面个别学生缺乏锻炼，身体素质比较差。

经验教训：在军训过程中，如有晕厥，不要坚持训练，而要及时告诉身边的同学；如果身旁有能扶的东西，要先扶住；如果没有可扶物体，一旦感觉头晕应及早蹲坐在地上，不要等坚持不住了而摔倒受伤。

案例 2：军训突然晕倒，不幸猝死

2010 年 9 月，湖北某高校大一新生徐某在军训的第一天不幸猝死。当晚 6 点半，新生们吃罢晚饭后再次开始军训，先是站军姿，10 分钟后，教官开始教唱歌《团结就是力量》。随后，徐某被点中出列演唱，由于不记得歌词，他唱了一半后返回队列。入列时，徐某突然说，头有点晕。接着，他蹲了下来，突然扑倒在地，不省人事。教官、同学见状，忙拨打 120 以及校医院的电话求救，并对徐某进行人工呼吸和胸部按压急救。校医院的急救车迅速赶到训练场，将其送往距离学校最近的医院进行抢救，途中，校医一直对徐某进行抢救。当晚 8 点 25 分，在省中医院，经抢救无效，徐某不幸身亡。事发后，警方赶到现场，综合走访、勘查和尸检等情况，警方认定徐某属于猝死。

原因分析：世界卫生组织定为急性症状发生后 6 小时内死亡者为猝死。特点：① 死亡急骤；② 死亡出人意料；③ 自然死亡或非暴力死亡。此病多见于年轻人（17~40 岁），死前各项检查均正常。原因可能与钠离子通道代谢异常有关。

经验教训：大学新生的入校体检最好安排在军训前，此外，家长最了解学生的身体状况，有问题一定要实事求是地向校方讲明，防患于未然。军训前，老师或教官应对新生进行安全知识的教育。猝死强调以预防为主、加强防护措施。如在军训现场安排一些医疗抢救设施以及医护人员，预先教会学生们简单的心肺复苏等人工抢救方法。

（三）实弹军训的安全

大学军训中一般会有实弹射击、投弹等项目，由于真枪实弹可能危及生命，而大学生又缺乏军用器械常识，因而更应注意实弹军训的安全。

在实弹训练中，要做到不出现任何闪失和意外，就要特别注意以下几个方面：

1. 不要私藏子弹、私捡弹壳，不要向空中射击或在射击场乱动。

2. 训练用枪支必须专人领用或交回，完善和完备出入库手续，当场清点数量，登记签名。

3. 持械训练时，必须做到精力集中，严格按程序操作，严禁玩弄、抢夺枪支。无论武器是否有弹药，都严禁枪口对人，不准私卸武器装备，严格遵守武器装备出入库制度。

4. 在未接到指挥员下达进入射击预备地或预备线命令前，不得擅自进入。

5. 听到进入射击地线口令后，按规定进入射击位置，然后再按口令装弹。

6. 进入射击预备地线后，要按口令统一验枪，领取子弹，按照要求装入弹匣。

7. 射击场上严格服从命令听从指挥，射击前在指定的安全地带待命，不得随意走动。射击时，没有指挥员的命令，不准自行装弹和射击。射击中要沉着冷静，按照指令装弹、瞄靶、射击、关闭保险。射击完毕趴在原地不动，等听到指挥员发出指令，再起立随队离开靶位。

8. 射击过程中，如发现意外情况，要立即中止射击并将武器关上“保险”放置在射击位置后，及时向指挥员报告。

9. 武器使用完毕后，要验枪。

第五节　毕业生安全教育

经过几年大学的学习，即将离开校园走向社会，毕业生思想感情是非常复杂的。既有对未来人生的迷茫，又有对未知社会的胆怯；既有求职就业的压力与烦躁，又有同学分别的离愁别绪；有的还有感情方面的烦扰。也有少量学生因欠学费或学分未达标或受过处分等原因不能按时领取毕业证或学位证。所以，在大学的最后阶段，对学生进行毕业教育和正面引导，切实帮助他们解决实际困难和心理疏导，让学生能平安离校、文明离校，顺利地进入职场、融入社会，是毕业生工作的重要一环。面对就业形势的严峻，社会上也出现了一些非法的就业中介和就业的诈骗信息等，大学生因求职心切而轻信一些虚假信息导致财物或身体受到伤害的事情也时有发生，这都需要大学毕业生提高警惕，注意防范。

毕业生安全教育包括毕业前的安全教育和求职安全教育两方面。

一、毕业前的安全教育

学生在毕业之际，因就业、情感压力增大，往往会引发各种案件纠纷。增强毕业生安全防范意识，确保学生文明安全健康离校尤为重要。毕业前的安全教育要从以下几个方面入手：

1. 要求毕业生离校期间要遵守法纪法规、校纪校规，做到文明有序，爱护公共财物。

2. 严禁酗酒，打架斗殴，防止食物中毒。毕业生聚会聚餐时要选择正规场所，饮酒要适度，防止因过量饮酒引发事故。注意饮食卫生安全，不要在无证摊点购买食品，严防发生食物中毒事件。严禁私自下河游泳，切实防止溺水事故的发生。

3. 注意防火防盗和财产安全。加强自身防范，注意宿舍内个人财物的安全，特别是笔记本电脑、手机、现金、证件等贵重物品要妥善保管，随手关好门窗，锁好自己的箱、柜，防止财物丢失。在室外进行体育运动和其他聚会等活动时，要妥善保管好自己随身携带的手机、钱包、手提电脑等贵重物品，不要随意搁置，使财物脱离自己的视线，防止丢失。严禁在学生宿舍生火做饭和使用大功率电热升温器具。

4. 要学会自我调节和保持良好的情绪状态，勇于面对挫折与压力，乐观地面对未来的社会生活，相信“天生我材必有用”，相信只要愿意努力，明天会更好，避免出现各种心理疾病，发生各种意外事件。

5. 教育学生要有开放的姿态和宽阔的胸怀，以正确的态度、健康的心态处理人际关系，不计较大学期间的个人恩怨。学校和辅导员要帮助大学期间的矛盾化解，防止积怨在毕业前爆发。冷静理性地处理感情问题，即使没有圆满的结果，也应彼此珍惜，变成美好的回忆。

二、求职安全教育

毕业生安全就业是关系学校稳定发展的大事。目前，就业形势严峻，毕业生为了能早日找到一份满意的工作，通过各种途径，广搜信息，发布个人求职简历，就业态度积极，但是也给了不法分子可乘之机。社会上不法分子利用毕业生求职心切的心理和社会经验不足等弱点，巧设名目，设置求职陷阱，欺诈毕业生及其家庭的钱财，甚至对毕业生本人的人身安全构成威胁。因此，大学生自身在求职过程中更要注意提高警惕，增强安全意识和自我防范能力，做到以下几个方面：

1. 毕业生应尽量把就业指导中心或学院提供的需求信息和校内召开的招聘会作为求职主渠道。

2. 网上求职或通过其他途径获取的需求信息要注意甄别真假，投递简历前应充分了解用人单位的情况，必要时可向当地人才服务机构或学校就业指导中心咨询、核实，也可以直接与该单位的上级主管部门或工商管理部门联系核实。

3. 要谨慎面对许诺优厚工作条件的招聘，对声言要出钱疏通，或直接向毕业生索取钱财许诺找关系安排工作等情况，要设法拒绝，以防上当受骗。

4. 毕业生参加各地举办的就业洽谈会、人才交流会，要遵守会场纪律，注意人身安全。凡会场安全条件差、秩序混乱、拥挤不堪，宁可推迟入场或不参加，也不能进入混乱场合。洽谈要在会场设立的办公位置进行，如遇在会场外，以用人单位名义邀请毕业生去其他地方洽谈时要谨慎对待，一定要弄清对方的真实身份，否则切勿前往。特别是女同学不可单独前往其所指定的宾馆、饭店、招待所等场所，要结伴而行或由家长陪同，不能答应"非常"面试、"特殊"检查等。洽谈结束若无把握，不可轻率签订协议。

5. 与用人单位签订合同时，毕业生一定要搞清楚协议期、试用期和见习期的概念，从而避免自己的权益受到损害。协议期是从毕业生与用人单位签订就业协议书开始，一直持续到签订劳动合同之后或者双方终止就业协议为止。在协议期内，双方已确定工作意向，但没有建立正式的劳动关系，单位可不为毕业生缴纳社会保险。试用期是针对劳动合同而言的，应包含在劳动合同期内。劳动合同内约定的试用期最长不能超过 6 个月。如已在一个单位工作 6 个月以上，且工作岗位没有变化的，签订劳动合同时就不用再实行试用期。见习期是指毕业生到用人单位工作后，实行的一年见习期制度，工作满一年后，需由上级人事主管部门为毕业生办理转正定级手续。

6. 毕业生联系工作要通过正当渠道，到用人单位的正式场所公开进行，不得贸然接受陌生人介绍工作跟其前往。不可参加任何形式的违法（如传销之类）活动。特别要警惕各种各样、改头换面的传销团伙拉其入伙，谨防上当受骗。如发现其他同学误入传销团伙，要及时向学校报告，如自己也误入传销团伙，要在保证自己人身安全的前提下，及时向当地公安、工商部门求助，设法及时脱身。

7. 毕业生为了预防“陷阱”，要做到：一忌“贪”，看到“高薪”字眼首先要掂量一下自己，然后再摸清对方的背景；二忌“急”，急于找工作的心理让一些人找到了借机骗财的机会，这些人以各种名义收取应聘者的费用后，便人去楼空；三忌“昏”，求职者要对自己的职业生涯发展脉络有清楚的构想，只要仔细研究不难识别招聘中大多数欺骗的幌子。要时刻提醒自己，不缴不知用途的款，不购买自己不清楚的产品，不将证件及信用卡交给该公司保管，不随便签署文件，不为薪资待遇不合理的公司工作。

8. 谨防骗子招聘公司。骗子招聘公司一般有三个特点，一是不提供公司具体地址；二是提供公司地址，有详细的门牌号码，但是号码是假造的；三是所提供号码为无须身份注册的移动电话。现在多数骗子公司开始主动出击，通过浏览求职者在各种招聘网站填写的个人信息，主动打电话找上门，实施诈骗。一般正规的公司都在 114 有登记，求职者能够轻松查得电话号码所在位置及类型，如果对方留的是大众卡之类号码，就应该提高警惕。我们还可以拨打 12315 或者在网上咨询 12315，即刻就能查到公司是否为合法注册公司；此外，当地一般都开辟了“行政服务在线”，也为同学们提供了一条咨询与投诉的途径。

案例 1：网上招聘信息需谨慎对待

某高校研究生李某在某网站上发现一份招聘广告，招聘方自称是新加坡公司，在大陆设有分公司，待遇非常优厚，但其前提是应聘人员必须提交一份由公司确定题目的产品营销方案进行竞聘。在潜心研究之后，李某把满意的“答卷”提交了上去。但一个月后，李某发现该公司在其他网站做了产品广告和一系列的营销活动，而其中很大一部分正是他的设计内容和设计思想。同时李某发现该公司还在继续招聘，都是研究生以上学历，仍然有设计方面的考题，对此李某认为：“这分明就是在骗取求职者的智力成果！”

原因分析：该公司要求应聘者必须先递交一份确定题目的产品营销方案，显然这个单位目的很明确，但是李某求职心切，却没有意识到这点。大学生对于外企比较青睐、向往，忽视了对公司的真实身份的核查。

经验教训：大学生在网上看到的招聘信息，一定要核实信息的虚假性；对于公司提出的一些特殊的要求要进行甄别，了解用人单位的意图；通过各种途径对招聘公司进行核查，是否真实。

案例 2：求职心切，误入传销陷阱

小张是某高校美术专业的毕业生。一天，小张接到朋友周某从广州打来的电话，希望他来公司工作。张某来到广州后，周某让他签订了一份合同书，并让他交押金 3 000 元，并承诺如辞职离开公司，押金随时如数退还。张某认为周某与自己是朋友，又有合同和承诺，便拿出 3 000 元交了押金。当天下午，周某就带三人开始岗前“培训”。“培训”主要是讲怎样赚钱、怎样暴富和赚钱要不择手段以及“发展下线、金字塔”理论，等等。经过几天“培训”“洗脑”后，公司让他“上班”，就是打电话动员蒙骗认识的、想找工作的人来“工作”。

原因分析：张某接到朋友的电话，给他介绍工作，因为是熟人，所以放松了警惕，最后误入了传销陷阱，被骗取了钱财。

经验教训：一是大学生自身防范意识薄弱，缺乏社会生活经验，轻信他人上当受骗；二是对同学、朋友的介绍过于信任，疏于防范，感情用事；三是就业压力过大，择业时放松了必要的警惕，轻信以用人单位身份出现的非法传销公司；四是个别学生抵不住诱惑，被非法传销组织宣传的高额回报引诱，甘愿从事非法传销活动。

案例 3：打着招聘幌子，收取各种保障金

韩某，大学毕业生，在人才交流市场，经过初步了解，与某家公司达成就业协议。但韩某了解到，进这家公司，每人要收取 200 元的服装保证金，用于制作工作服，离开公司的时候，200 元可以原封退还。1 个月后，韩某按照公司的约定来到公司的办公地点参加培训，但却发现，该公司和主管人员早已经人去楼空，才知自己已经上当受骗。据了解，在这起诈骗案中，有 150 多名求职者上当受骗，其中大多数都是刚刚毕业的大学生。

原因分析：韩某在人才市场应聘时，没有对该公司的真实性进行核实，就匆匆达成就业协议，而且缴纳了服装保障金。后来发现这家“公司”是打着招聘的幌子以各种名目收钱的。

经验教训：在就业过程中，骗子们往往抓住了大学生为了获得工作机会，对于明知道是无理的要求，也不敢拒绝的这种心理，开始行骗。骗子要么收取“报名费”，要么收取“保证金”“培训费”。对于应聘的公司，一定要进行核实，再签订协议；针对用人单位收取各种不明的费用，一定要提高警惕。

第四章　当代大学生生活中的安全

大学生日常生活中的安全教育涉及大学生活的各个方面，其中包括饮食安全、交通安全、用电安全、游泳及户外活动安全、防范性侵害、疾病防疫等。在本章，我们将对这些内容分别进行阐述。

第一节　饮食安全

加强饮食安全教育、树立饮食安全意识，提高广大学生的自我保护意识，不仅是学校安全的需要，也是全面提高大学生综合素质的基本要求。

一、科学饮食

（一）均衡营养

在日常饮食中，大学生所摄取的各种营养素比例要恰当，即所需热能与热能来源配比平衡、氨基酸平衡、脂肪酸平衡、酸碱平衡、维生素平衡及无机盐平衡。

（二）饮食品种多样

任何一种天然食物都不可能提供人体所需的全部营养，所以不可偏食。常规膳食每天要包括谷类、蔬菜、水果、薯类、菌藻类、奶类、豆类等。

（三）食物搭配应科学

主食、副食和零食应合理搭配，粗、细粮应搭配食用。糖类、脂肪和蛋白质的比例一般为 58%、30% 和 12%，同时，应重视微量元素和膳食纤维的摄取量。

（四）吃清淡少盐膳食

食盐不仅是一种调味剂，而且还是一种防腐剂。WHO（世界卫生组织）推荐每天食盐适宜摄入量为 5 克，而我国人均每天食盐实际摄入量为 12 克。流行病学调查表明，长期过多地摄入钠盐会导致细胞外液和血浆容量增加，使血压升高、血管腔狭窄、管壁增厚，增加心脏负担，从而诱发心血管疾病。所以，大学生的饮食一定要注意清淡少盐。

（五）少饮或不饮酒

无节制地饮酒，会使食欲下降，发生多种营养素缺乏，严重时还会造成酒精性肝硬化。过量饮酒会增加患高血压、中风等危险，并可导致事故及暴力的增加，对个人健康和社会安定都是有害的。所以应严禁酗酒，少饮或不饮。

（六）不吸烟

烟雾中有害成分达 3 000 余种，其中主要有毒物质为尼古丁、烟焦油、一氧化碳、氢氰酸、氨及芳香化合物等一系列有毒物质。所以，大学生不可吸烟。

二、大学生食物中毒的预防及处理

（一）大学生食物中毒的预防

1. 学生方面的预防

（1）不喝生水。水是否干净，仅凭肉眼很难分清，清澈透明的水也可能含有病菌、病毒，所以，喝开水才最安全。

（2）不要吃没有洗干净的瓜果。瓜果蔬菜在生长过程中不仅会沾染病毒、病菌、寄生虫卵，还会有残留的农药、杀虫剂等，食用前如果不清洗干净，不仅可能造成农药中毒，而且还可能会染上疾病。

（3）不吃过期或变质的食物。食物超过保质期后就会发生变质，散发出异味，这是由细菌大量繁殖引起的，吃了会造成食物中毒。所以，吃东西之前一定要检查食物是否已超过保质期或变质。

（4）吃东西前要洗手。人的双手每天都会接触到各种各样的东西，一不小心就会沾染上病菌、病毒和寄生虫卵。所以，吃东西前要认真用肥皂洗净双手。

（5）不随意购买或者食用街头小摊贩出售的劣质食品及饮料。学校周围，通常有许多卖零食的小商店，这些小店里销售的许多食品往往是未经过质量检验的，很多都存在色素超标、掺杂过多防腐剂、超过保质期等食品安全问题。另外，学校周围路边上也常有快餐点或食品摊。这些食品大多是自制食品，比如盒饭、豆腐串、炸肉串等，有的食品整日裸露在室外，沾满灰尘，卫生条件差。所以，为了自身的健康，不要随意购买或者食用街头小摊贩出售的劣质食品及饮料。

（6）不随便吃野果、野菜。野果、野菜的种类很多，其中有的含有对人体有害的毒素，缺乏经验的人很难辨别清楚。所以，大学生不要随便吃野果、野菜，避免中毒。

2. 学校方面的预防

（1）严格从业人员的管理。学校食堂从业人员必须通过身体检查，有执法部门颁发的健康合格证。要及时对从业人员进行岗前培训，如《食品卫生法》等法律法规、原料采购要求、操作技术规程、食品保鲜等内容；经常进行职业道德教育，并加大平时的检查与监管。

（2）保证餐具的干净。洗刷餐具时一定要注意去除食品残渣、油污和其他污染物，洗刷干净后放入消毒柜内消毒，采用蒸汽和紫外线消毒。

（3）严格管理食品加工程序。在食品加工过程中，严格贯彻所有食品烧熟煮透、生熟分开等卫生要求，避免熟食与待加工的生食交叉污染，需要注意以下几方面：

第一，蔬菜在烹饪前必须彻底清洗干净，采用一洗、二净、三烫、四炒的加工方法。

第二，采购的冷冻品要坚持做到“完全解冻、立即烹饪”的原则。

第三，烹饪加工所用的原料必须要新鲜，在进行粗加工时，肉、禽、水产所用的刀、板、盆与蔬菜的要分开使用。

第四，烹饪时要适当增加烹饪加工的时间，保证食品温度达到 70 ℃以上。

第五，加工凉菜要达到“五专”的加工条件：专人负责、专用调配室、专用工具、专用消毒设备设施、专用冷藏设备；制作凉菜的 3 个关键环节：保证切拼前的食品不被污染、切拼过程中严防污染、凉菜加工完毕后须立即食用。

（4）确保原料采购质量。要从正规渠道购买食用盐、主食原料、水产品、肉类食品等大宗原料，并尽量做到集体采购。

（5）正确处理剩饭剩菜。如果有少量的剩余饭菜应该废弃，如想继续使用剩余的饭菜，必须要妥善保存，再次出售剩饭菜前，必须彻底加热。

（6）不使用有毒及变质食品。不使用有毒的蘑菇、发芽的马铃薯、有毒鱼类和贝类等。

（7）食物分离存放。生熟食品要分开存放；不用饮料瓶盛装化学品。

（二）大学生食物中毒的处理

1. 应对措施

（1）建立快速反应机制。当大学生出现食物中毒后，要及时向学校领导、主管部门以及所在地卫生防疫部门反映情况，并及时联系医院，确保在第一时间内救治。

（2）判断中毒类型。抢救食物中毒病人，时间是最宝贵的。从时间上判断，化学性食物中毒和动植物毒素中毒，自进食到发病是以分钟计算的；生物性（细菌、真菌）食物中毒，自进食到发病是以小时计算的。

（3）保留检查样本。当确定为食物中毒后，应该保存导致中毒的食物样本，以提供给医院进行检测，因为确定中毒物质对治疗来说至关重要。

2. 救护

（1）及时发现症状。很多大学生由于自身饮食安全知识较为匮乏，不能及时发现自己的中毒症状，往往在送到医院的时候，症状已经非常严重。所以，食物中毒后早期的发现和处理十分重要。食物中毒后第一反应往往是腹部的不适，中毒者首先会感觉到腹胀，一些患者还会腹痛，个别的会发生急性腹泻。与腹部不适伴发的还有恶心，随后会发生呕吐的情况。一旦有人出现上吐、下泻、腹痛等食物中毒症状，应立即停止食用可疑食物，同时拨打 120 急救电话进行呼救。

（2）导泻。如果病人吃下去中毒食物的时间超过 2 小时，且精神还好，可以采用服用泻药的方式，促使有毒食物排出体外。

（3）催吐。如食物吃下去的时间在 1~2 小时内，可以采用催吐的方法。首先使中毒者处于空气新鲜、通风好的环境中，注意保暖。为防止呕吐物堵塞气道而引起窒息，应让中毒者侧卧，便于吐出。用 2%~4% 盐水或淡肥皂水催吐，也可以用手指、筷子等刺激其舌根部的方法催吐，以减少毒素的吸收。如经大量催吐后，呕吐物已为较澄清液体时，可适量饮用牛奶以保护胃黏膜。但要注意当呕吐物中发现血性液体时，应暂时停止催吐，以免损伤消化道。

（4）送入医院。当患者出现中毒症状并且感觉不适时，在条件允许的情况下要立刻送入医院进行治疗，以免引起生命危险。

三、《中华人民共和国食品安全法》的相关规定

《中华人民共和国食品安全法》由中华人民共和国第十一届全国人民

代表大会常务委员会第七次会议于2009年2月28日通过，自2009年6月1日起施行。

（一）食品安全标准包括的内容

1. 食品、食品相关产品中的致病性微生物、农药残留、兽药残留、重金属、污染物质以及其他危害人体健康物质的限量规定。

2. 食品添加剂的品种、使用范围、用量。

3. 专供婴幼儿和其他特定人群的主辅食品的营养成分要求。

4. 对与食品安全、营养有关的标签、标识、说明书的要求。

5. 食品生产经营过程的卫生要求。

6. 与食品安全有关的质量要求。

7. 食品检验方法与规程。

8. 其他需要制定为食品安全标准的内容。

（二）预包装食品的包装标签标明的事项

1. 名称、规格、净含量、生产日期。

2. 成分或者配料表。

3. 生产者的名称、地址、联系方式。

4. 保质期。

5. 产品标准代号。

6. 储存条件。

7. 所使用的食品添加剂在国家标准中的通用名称。

8. 生产许可证编号。

9. 法律、法规或者食品安全标准规定必须标明的其他事项。

专供婴幼儿和其他特定人群的主辅食品，其标签还应当标明主要营养成分及其含量。

（三）食品加工的相关安全标志

1. 食品质量安全标志。食品质量安全标志是食品市场准入标志，其式样和使用办法由国家质检总局统一制定。获得食品质量安全生产许可证的企业，其生产加工的食品经出厂检验合格的，在出厂销售之前，必须在最小销售单元的食品包装上标注由国家统一制定的食品质量安全生产许可证编号并加印或者加贴食品质量安全标志。该标志由“QS”和“质量安全”中文字样组成（图4—1—1），标志主色调为蓝色，字母“Q”与“质量安全”四个中文字样为蓝色，字母“S”为白色。

2. 有机食品标志。有机食品指来自于有机农业生产体系，根据国际有机农业生产要求和相应标准生产、加工，并经具有资质的独立认证机构认证的一切农副产品，不使用任何人工合成的化肥、农药和添加剂。有机食品标志如图 4—1—2 所示。有机食品与我国绿色食品的最显著差别是在其生产和加工过程中绝对禁止使用农药、化肥、激素等人工合成物质，而绿色食品则允许有限制地使用这些物质。

图 4—1—1

图 4—1—2

3. 无公害农产品标志。无公害农产品是指源于良好生态环境，按照专门的生产技术规程生产或加工，无有害物质残留或残留控制在一定范围之内，符合卫生质量指标标准规定的农产品。无公害农产品标志（图 4—1—3）以一棵象形的大白菜为底，下面是英文单词“safecrop”，即“安全农作物”，“白菜”的上面是中文“无公害农产品”六个黑体字，中间是大写的英文字母“GB”，是“国家标准”拼音的首字母大写。

4. 绿色食品标志。“绿色食品”是遵循可持续发展原则，按照特定生产方式生产，经过专门机构认定，许可使用绿色食品标志的无污染的安全、优质、营养类食品，级别比“无公害农产品”更高。绿色食品标志如图 4—1—4 所示，由三部分构成：上方的太阳、下方的叶片和中心的蓓蕾。标志图形为正圆形，意为保护。该标志形象地告诉人们绿色食品正是出自纯净、良好生态环境的安全无污染食品，象征着蓬勃的生命力。

图 4—1—3

图 4—1—4

四、饮食安全案例

案例1：“土耳其烤肉饭”撂倒近五十名学生

2013年11月，西北大学长安校区的43名学生，在食用食堂的“土耳其烤肉饭”后陆续出现呕吐、腹泻症状，并被送往医院治疗。据不完全统计，这已是近一个月来被媒体曝光的第13起学生食物中毒事件。频频发生的学校食物中毒事件，让校园食品安全再次引起了社会各方的重视。

警示语：该事件发生后，校方立刻向当地疾控中心上报有关情况，并将“土耳其烤肉饭”原料样本送去检验。校方应确保学校食堂使用的食品原料、烹制加工方法和餐饮环境符合食品安全要求。

同学们也应注意，在用餐时应预防四季豆、发芽马铃薯中毒。食用四季豆要充分加热，彻底炒熟，四季豆由硬挺变柔软，由鲜绿变暗绿，没有豆腥味后方能食用，避免中毒发生。

案例2：吃油条、喝豆浆竟然发生了食物中毒

广西某高校，有100多名学生在早餐之后，先后出现呕吐、头晕、肚子痛等症状，后来查明这期食物中毒的原因是学生早餐吃了油条和豆浆，其中豆浆煮的时间不够，导致学生们食用后发生食物中毒。

警示语：该事件发生后，校方立即组成调查组对食物来源、食品制作过程等环节进行调查。此次事件说明学校不仅要重视食品来源的安全问题，更要注意对学校食堂厨师的安全饮食培训、烹制加工方法培训，建立学校食堂饮食安全监视小组，做好饮食中毒等突发事件的预防、应对方案。

同学们也应提高安全饮食意识，多了解饮食安全知识，在食用豆浆时注意是否感觉恶心、呕吐、腹痛、腹胀和腹泻等症状。如果有这些症状应该及时上报学校，使校方及时有效地阻止事件的恶化。

第二节　交通与出游安全

大学生交通安全是指大学生在校园内外道路上遵守《中华人民共和国道路交通安全法》和其他道路交通法规、规章，骑自行车、驾驶汽车。大学生要做到交通安全，最重要的就是严格遵守国家的交通安全法规，掌握交通安全知识，避免交通违章，减少交通事故。出游是大学生中普遍的消费方式，由于学校有周末双休日、各种小型节假日以及寒暑假，学生结伴出游或集体郊游以及通过网络联系组团旅游比较普遍，也有独自外出旅游的情况。各种出游方式，安全都是第一要务。

一、交通常识

（一）指挥灯信号

1. 绿灯亮时，准许车辆、行人通过，但拐弯的车辆要避让直行的车辆和被放行的行人通过。

2. 黄灯亮时，禁止车辆、行人通行，但已超过停车线的车辆和已进入人行横道的行人可以继续通行，但要服从警察的手势，确保安全。

3. 红灯亮时，不准车辆、行人通行。

4. 黄灯闪烁时，车辆、行人须在确保安全的原则下通行。

（二）人行横道信号灯

1. 绿灯亮时，准许行人通过人行横道。

2. 绿灯闪烁时，不准行人进入人行横道，但已进入人行横道的，可以继续通行。

3. 红灯亮时，不准行人进入人行横道。

二、大学生应该熟悉的交通标志

交通标志是用一定的形状、颜色、符号组成的标志牌。它们或被埋设于道路两边，或被架于道路上空，向车辆驾驶员和行人传递道路或交通管理信息。交通标志可以分为以下四大类。

（一）警告标志

警告标志是警告车辆和行人注意危险地点的标志。其颜色为黄底、黑边、黑图案，形状为正等边三角形，如图 4—2—1 所示。

反向弯路

连续弯路

上陡坡

下陡坡

双向交通　注意行人　注意儿童　注意牲畜

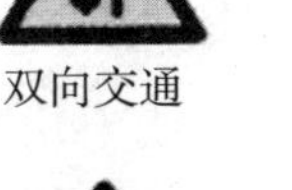   

注意信号灯　注意落石　注意落石　注意横风

易滑　傍山险路　傍山险路　堤坝路

驼峰桥　路面不平　过水路面　有人看守铁路道

无人看守铁路道口　注意非机动车　事故易发路段　慢行

图 4—2—1

（二）禁令标志

禁令标志是禁止或限制车辆、行人交通行为的标志。其颜色通常为白底、红圈、红斜杆和黑图案，其中，“禁止车辆停放标志”为蓝底、红圈、红斜杆。其形状通常为圆形，个别为八角形或顶点向下的等边三角形，如图 4—2—2 所示。

禁止通行　禁止驶入　除公共汽车外　禁止机动车通行

禁止拖拉机通行　禁止农用车通行　禁止二轮摩托车通行　禁止某两种车通行

禁止非机动车通行　禁止畜力车通行　禁止人力货运三轮车通行　禁止人力客运三轮车通行

禁止向左转弯

禁止向右转弯

禁止直行

禁止向左向右转弯

图 4—2—2

（三）指示标志

指示标志是指示车辆、行人行进的标志。其颜色为蓝底白图案，形状为圆形、正方形或长方形，如图 4—2—3 所示。

直行

向左转弯

向右转弯

直行和向左转弯

直行和向右转弯

向左和向右转弯

靠右侧道路行驶

靠左侧道路行驶

交直行和左转弯行驶

立交直行和右转弯行驶

环岛行驶

步行

鸣喇叭

最低限速

单行路向左或向右

单行路直行

干路先行

会车先行

人行横道

右转车道

图 4—2—3

（四）指路标志

指路标志是传递道路方向、地点、距离信息的标志。颜色一般道路为蓝底白图案，高速公路为绿底白图案。形状通常为长方形和正方形，如图 4—2—4 所示。

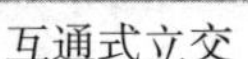
互通式立交

地点识别标志

十字交叉路口

图 4—2—4

三、大学生交通事故发生的原因

1. 缺乏交通安全知识、缺乏交通安全责任感。
2. 存在麻痹思想、存在侥幸心理。
3. 不走人行横道、天桥，随意横穿马路，不靠路右边走。
4. 在车行道、桥梁、隧道上追逐、玩耍、打闹。
5. 不注意道路和车辆信号，不服从交通管理和信号管理。
6. 骑车双手离把。
7. 穿越、攀登、跨越道路隔离栏；横穿铁路和钻火车。
8. 骑车横冲直撞、争道强行，与机动车抢道。
9. 转弯不减速，不打手势，在路口闯信号灯。

四、大学生交通事故的预防

（一）步行时的预防

1. 不要进入高速公路行走。

2. 应当在人行道内行走，没有人行道的靠路边行走。

3. 雾天、阴雨天行路时要格外小心，最好穿颜色鲜艳的衣服或雨衣。夜间行走时最好贮备一个手电筒用于照明。

4. 不得跨越、倚坐道路隔离设施，不得有扒车、强行挡车等妨碍交通安全的行为。

5. 穿越马路时要走直线，不可迂回穿行，不要突然横穿马路，特别是马路对面有熟人、朋友呼唤，或者自己要乘坐的公共汽车已经进站时，千万不要贸然行事，以免发生意外事故。

6. 在马路上不要边走路边看书，要注意观察来往车辆。

7. 通过铁路道口时，应按交通信号或者管理人员的指挥通行。没有交通信号和管理人员的，应在确认无火车驶近后迅速通过。

8. 步行通过路口或者横过道路，应走人行横道或者过街设施。通过有交通信号灯的人行横道，应按交通信号灯指示通行。通过没有交通信号灯、人行横道的路口，或者在没有过街设施的路段横过道路时，应在确认安全后通过。

（二）乘车时的预防

1. 乘车时须在站台或指定地点依次候车，待车停稳后，先下后上；在道路上搭乘机动车时，应当从车身右侧上车；不得强行上下或者攀爬行驶中的车辆，乘车时注意文明礼貌，避免因拥挤与人争吵、摩擦。

2. 不携带易燃、易爆等危险物品乘车。

3. 不要在车上嬉戏，不得影响驾驶人员安全驾驶或将头、手臂伸出车外。

4. 不在车行道上或交叉路口处招呼出租汽车。

5. 不乘坐黑车。

6. 机动车行驶中，乘车人不能将身体任何部位伸出车外，不能跳车。

7. 乘坐货运机车时，不站立，不坐在车厢和栏板上。

8. 车辆在高速公路行驶中，乘车人不站立，不随便向车外抛弃物品，乘坐长途大巴应系安全带。

9. 车辆行驶中不与驾驶员闲谈或者有妨碍驾驶员安全操作的行为。

10. 高速公路上，车辆因故障不能离开车道或者发生交通事故时，乘车人必须迅速转移到右侧路边上。

（三）驾驶机动车时的预防

1. 驾驶机动车行驶时，车速、超车、载人通过交叉路口等都必须严格遵守交通法规定。

2. 路过人行横道时应减速或避让。

3. 车辆运载不准超重，不得超过规定的宽、长、高尺寸，不准运载易燃易爆等物品。

4. 机动车辆不准乱停乱放。

5. 不得酒后驾车，不得无照驾车，不得驾驶有故障的车辆。

（四）骑非机动车时的预防

1. 熟练掌握骑车技术以后才能到马路上骑车。

2. 千万不能进入高速公路骑车。

3. 应当在非机动车道内行驶，在没有非机动车道的道路上，应当靠车行道的右侧行驶，在非机动车道内行驶时，最高时速不得超过 15 公里。

4. 通过有红绿灯的交叉路口时，要遵守交通信号。不能贪图方便取近道。晚上骑车应慢行。

5. 不要骑安全部件（如车闸）失效的非机动车。出行前要先检查一下车辆的铃、闸等部件是否齐全有效，确保没有问题方可上路。

6. 不能双手离把，不准曲线骑行，不准猛拐，不攀扶拖拉机等机动车。骑车时避免两人以上并行，不能互相追逐打闹。骑车转弯前应减速慢行，确保安全后，伸手示意通过。

（五）校园内交通事故的预防

由于校园内路面窄、拐弯多、人流量大，所以不论是步行、骑车还是驾驶机动车等，都要缓速慢行，遇人要避让，认真遵守学校交通安全管理规定。

五、大学生交通事故的处理及救护

（一）大学生交通事故的处理

1. 及时报案。无论在校外还是校内，一旦发生交通事故后，首先要及时向公安部门报案同时与学校安全保卫部门联系。交通事故报警电话为110或122。及时报案有利于事故的公正处理，切不可与肇事者“私了”。报案时应讲明事故发生的时间、地点、肇事车辆及伤亡情况。如有人受伤，可向附近的医疗单位、急救中心求救。

2. 保护现场。如果现场没有保护好会给交通事故的处理带来困难，造成“有理说不清”的情况。所以，切记在发生交通事故后一定要保护好事故现场。

3. 控制肇事者。如果肇事者想逃脱一定要设法控制，自己不能控制可以发动周围的群众帮忙控制，若实在无法控制也要记住肇事车辆的牌号、车型、颜色等特征。

（二）大学生交通事故的救护

1. 迅速检查事故现场，积极寻找伤员，并对重伤员进行优先救助处理。

2. 对呼吸、心跳骤停的伤员，应立即清理其上呼吸道，进行人工呼吸。

3. 对创伤出血，可临时采用指压止血法。

4. 对昏迷伤员，迅速解开其衣领，采取侧俯卧位，如遇舌头后坠时，可以将舌尖牵出，也可以将伤员的头部后仰，以保证呼吸道畅通，防止窒息。

5. 对大面积的烧伤，可用较清洁的衣服、雨衣、布单保护伤面，粘在伤面上的衣服可不脱掉。

6. 就地取材及时包扎伤口，对脱出的肠管不要送回腹腔，应用大块敷料覆盖后，扣上盆、碗以保护肠管；对脑膨出时，可用纱布圈围在膨出部周围，或用碗覆盖脑膨出部，包扎固定，以防脑实质干燥或受压。

7. 在运送脊柱、脊髓受伤伤员时，务必谨慎、得当，避免脊柱弯曲或扭转，应用硬板担架运送，尽量减少搬运次数。

8. 对骨关节伤、肢体挤压伤和大块软组织伤，应灵活采用木棍、树枝、玉米秸等固定；对已离断的肢体，应妥善包扎，送往医院。

六、交通安全案例

案例 1：面包车撞翻摩托车导致多人受伤

2010 年 11 月，合肥某高校校园内发生了一起交通事故。一辆面包车将一辆运送烤鸭的摩托车撞翻，翻滚的摩托车又将路过的两名大学生撞倒。两名大学生被撞伤，摩托车司机当场昏迷。面包车司机称，自己刚拿驾照两个月，开车还不熟，想踩刹车结果却踩到了油门。

警示语：该事件的发生，警示学校应该对校园通行车辆进行交通限速管制，核查出入校园车辆驾驶人的信息，提醒车辆限速通行；同时由于校园内路面窄、拐弯多、人流量大，校方应加强校园交通安全教育及道路防护设施，预防道路车辆冲撞行人。

而同学们也应注意，由于校园内路面窄、拐弯多、人流量大，所以不论是步行、骑车还是驾驶机动车等，都要缓速慢行，遇人应避让，认真遵守学校交通安全管理规定。

案例 2：校内两车相撞，交通安全亮红灯

2010 年 1 月，郑州某高校发生了两车相撞的惨剧，车辆几乎报废，被撞的两个人头破血流，多处骨折。

警示语：校园交通安全事件屡屡发生，悲惨事件的发生警示学校需加大校园安全力度，加大对交通减速带等设施的投入，对出入学校的机动车辆严格把关。同学们也应加强对交通安全知识的了解，遵守校园交通安全管理规定，做安全文明的大学生，珍惜生命，且行且珍惜。

第三节　用电安全

电能是一种方便的能源，但也给人类带来许多的不幸，其主要原因是人们安全用电的意识不强、常识不足。对电的使用不合理，所使用电器质量不高、安装不当和维修不及时以及违反电气操作规程等都导致用电安全问题。

一、用电安全的原则

在日常生活中，要想做到用电安全，需要遵循以下几个原则：

1. 使用移动电器设备时必须切断充电电源。
2. 发现电器冒烟或闻到异味时，一定要迅速切断电源，进行仔细检查。
3. 发现电线破损时，要及时更换或用绝缘胶布扎好。
4. 严禁私自开启公共变、配电室和居民楼内电箱，以免发生事故。
5. 在使用电熨斗一类的电器时最好不要离开，以免引起火灾。
6. 不要用湿手或赤脚或抹布接触开关、插座和各种电器电源接口。
7. 每件电器单独用一个插座。移动插座使用完毕或人离开时及时断电。
8. 电器使用完毕，要及时切断电源。雷雨天最好不要使用电器，并且拔掉各种电源插座。
9. 在户外如发现电线断线或落地，不要靠近，并应就近及时报告电力部门处理。
10. 在使用家电时，应该先阅读使用说明书。

二、用电安全的标志

为保证用电安全，必须严格按有关标准使用颜色标志和图形标志。颜色标志常用来区分各种不同性质、不同用途的导线，或者用来表示某处安全程度。一般采用的安全色有以下几种：

1. 红色。红色通常用来标志禁止、停止和消防。
2. 黄色。黄色用来标志注意危险。如“当心触电”“注意安全”等。
3. 黑色。黑色用来标志图像、文字符号和警告标志的几何图形。
4. 绿色。绿色用来标志安全。如“在此工作”“已接地”等。
5. 蓝色。蓝色用来标志强制执行。如“必须戴安全帽”等。

三、大学生用电安全事故发生的原因

随着教育现代化程度的提高，学校的各个方面越来越离不开电。由于学校人员密集，学生安全意识不强，用电安全隐患较多，用电安全事故时有发生。另外还要注意在实习实验过程中要熟悉安全操作规程，尤其是技工类学校，实习实验较多，更要多加注意。所以，校园中加强安全用电的管理和教育尤为重要。总体来说，大学生用电安全事故发生的原因主要包括以下几方面。

（一）学生自身的原因

1. 购买和使用劣质电器设备。

2. 在宿舍、教室乱拉乱接电线。

3. 一个插线板上使用过多电器。

4. 违章使用教学仪器设备。

5. 遇到突然停电，人离开时忘记切断电源。

6. 电线老化、电器超期使用。

7. 用湿手、湿布、湿衣物与带电的灯头、开关、插座、电线接触。

8. 违章使用电炉、热得快、电吹风、手机充电器等电器，或与易燃物接触，或长时间离开。

9. 在高压线下放风筝，放孔明灯，往楼下乱扔东西，杂物挂在电线上；有的同学在电线上晒衣服，引起电网故障。

10. 不懂装懂，任意拆修电气设备。

（二）学校管理方面的原因

1. 电线混在一起或距离太近，接地线、避雷线年久失修。

2. 电路检修不及时，配电柜、开关箱长期不关闭，不上锁；闸刀、开关、插座、保险丝盒等外壳破损，导线裸露也不及时更换。

3. 基建施工和后勤维修乱接临时用电，电缆线露天布放，或在变压器、电杆旁挖土，损坏供电设备。

4. 学校礼堂、视听教室等场所灯具选用不恰当。

5. 学校的电学等实验室安全用电管理不严，监督不力。

四、大学生的触电事故

（一）触电事故的类型

按接触电源的情况不同，可以将触电事故分为单相触电、两相触电、跨步电压触电和雷电触电四种类型：

1. 单相触电。人体接触一根火线所造成的事故叫单相触电。单相触电又分电网中性点接地的单相触电和中性点不接地的单相触电两种，其电网中性点接地的单相触电，人体承受的电压为 220 伏，触电的后果较为严重。

2. 两相触电。人体同时接触两根火线所造成的触电为两相触电，这种触电最为危险。

3. 跨步电压触电。三相电线偶有一根电线断落在地面，电流在落地点形成一个强电场，此电场的强弱与所处位置和电线落地点的距离有关，当两脚所处位置不同时，电势不同，两脚之间会形成一个电势差即电压，这个电压较大时，就会对人体造成伤害。

4. 雷电触电。雷电是大气中的放电现象，积雨云随着温度和气流的变化会不停地运动，运动中摩擦生电就形成了带电荷的云层，某些云层带有正电荷，另一些云层带有负电荷。另外，由于静电感应常使云层下面的建筑物、树木等带有异性电荷。随着电荷的积累，电压逐渐升高，当带有不同电荷的云层与大地凸出物相互接近到一定温度时，其间形成超高的电压，击穿其间的介质，发生激烈的放电，放电时温度可达 2 000 ℃，空气受热急剧膨胀，随之发生爆炸。这种放电如果发生在云层与树木、建筑物或人之间，就会导致雷击事故。

（二）触电事故的特点

触电事故具有一定的特点，主要包括以下几方面：

1. 低压工频电源的触电事故较多。学校广泛使用的是 220 伏和 380 伏的低压电源，相对于供电传输过程中的高压电，许多人不够重视，容易引起触电事故。

2. 多发生在夏季。由于夏季气候潮湿、多雨，电气设备的绝缘性能下降，人身体多汗，电阻下降，会增加触电的危险。

3. 多发生在非专职电气操作人员身上。触电事故大多会发生在非专职电气操作人员身上，由于其缺乏电气作业的专业知识，他们更容易发生安全用电事故。

4. 与工作环境有一定的关系。通常，触电事故多发生在建筑、矿业等行业，但学校也有其特殊性，由于人员密集，师生缺乏安全用电知识，实习实验过程中不太熟悉安全操作规程，尤其是电工、电子类专业，实习实验较多，安全用电事故发生的可能性更大。

（三）触电事故对大学生的伤害

触电对人体的伤害与电流种类、大小、途径、接触部位、持续时间及人的健康状态都有关系。

1. 触电伤人的主要因素是电流，而电流大小又决定于触电电压和人体电阻。通常，36 伏以下的电压对人体危害不大，所以，将 36 伏规定为安全电压。

2. 触电时间越长，对人体伤害越大。

3. 交流电对人体的伤害比直流电大。

（四）触电事故的预防

1. 行为习惯方面的预防

（1）养成良好的习惯，做到人走电断。

（2）如果发现电线断线落地，不要靠近，应就近报告电力部门处理。

（3）一个多用插座上，不要插过多的电器。

（4）按照电路实际电流强度选用合适的保险丝，严禁用铜线或铁丝代替。

（5）把好产品质量关，购买电器用具要选正规厂家的优质产品。

（6）严禁违章用电，严禁自己私接电源，不要强拉硬扯电线。

2. 技术方面的预防

从技术上，可以通过绝缘、屏护和保持间距，采用接地和接零，安装漏电保护装置，尽量采用安全电压等措施来预防触电事故的发生。

（1）绝缘是指为了防止人体触电，用塑料、橡胶、瓷、云母等绝缘物把带电体封闭起来。

（2）屏护是指采用遮拦、护盖箱等将带电体保护起来，保持带电体与外界一定的安全距离，从而达到防止触电的目的。

（3）接地是指将电气设备正常时不带电的金属部分与大地相连接。如电机、变压器、开关设备、照明灯具的金属外壳都应该接地。

（4）接零是指将电气设备中正常情况下不带电的金属部分与电网的零线相连接。还应注意的是，零线回路中不允许装设熔断器和开关。

（五）触电事故的急救

1. 迅速使人体脱离电源。发生触电事故时，切不可惊慌失措，首先要迅速切断电源，使触电人脱离电流损害的状态，这是能否抢救成功的首要因素，因为当触电事故发生时，电流会持续不断地通过触电者。触电时间越长，对人体损害越严重，只有马上切断电源。另外，当触电时，身上有电流通过，已成为一带电体，对救护者是一个严重威胁，如不注意安全，同样会使抢救者触电。因此，必须先使触电者脱离电源后，才可以进行抢救。迅速使人体脱离电源的方法主要有以下几种：

（1）当有电的电线触及人体引起触电时，可用绝缘的物体（如木棒、竹竿、手套等）将电线移掉，使人体脱离电源。

（2）出事附近有电源开关和电源插头时，可立即将闸刀打开，将插头拔掉，以切断电源。

（3）必要时可用绝缘工具（如带有绝缘柄的电工钳、木柄斧头以及锄头等）切断电源。

2. 简单诊断。触电者在解脱电源后往往处于昏迷状态，所以应尽快对其心跳和呼吸的情况做一判断，看看是否处于“假死”状态，才能及时正确地进行急救。可以通过以下几种方法进行简单判断：

（1）观察一下触电者有否存在呼吸，当有呼吸时，我们可看到胸廓和腹部的肌肉随呼吸上下运动。用手放在鼻孔处，呼吸时可感到气体的流动。相反，若无上述现象，则往往是呼吸已停止。

（2）摸一摸触电者颈部的动脉和腹股沟处的股动脉，有没有搏动，因为当有心跳时，一定有脉搏。

3. 正确施救。经过简单诊断后，一般可以按照以下情况分别进行处理：

（1）触电者的呼吸、心跳尚在，但神志不清或昏迷。此时应将其仰卧，周围的空气要流通，并注意保暖。除了要严密地观察外，还要做好人工呼吸和心脏按压的准备工作，并立即通知医疗部门或用担架将病人送往医院。在去医院的途中，要注意观察其是否突然出现“假死”现象，如有假死，应立即抢救。

（2）触电者神志清醒，但感乏力、头昏、心悸、出冷汗，甚至有恶心或呕吐。此类人应就地安静休息，减轻心脏负担，加快恢复；情况严重时，小心送往医疗部门，请医护人员检查治疗。

（3）如经检查后，触电者处于假死状态，则应立即针对不同类型的“假死”进行对症处理。心跳停止的，则用体外人工心脏按压法来维持血液循环；如呼吸停止，则用口对口的人工呼吸法来维持气体交换。呼吸、心跳全部停止时，则需同时进行体外心脏按压法和口对口人工呼吸法，同时向医院告急求救。

4. 电灼伤及其他伤的处理。高压触电时，两电极间有上千度的高温，接触处会有十分严重的烧伤，现场只能作简单包扎，减少感染，及时送医院治疗。

五、用电安全案例

案例 1：2013 年 1 月，广西某大学学生宿舍起火，起火原因是一女生用电热水壶烧水，途中接到电话离开宿舍，导致水烧干引燃桌子，幸好隔壁宿舍同学闻到气味发现及时，没有造成严重后果。

警示：虽然事故没有造成严重的后果，但是仍然需要提高我们的警惕。学生用电切记要注意安全，电器开着的时候尽量不要离开太远，以防发生火灾。

案例2：2013年9月16日凌晨1时许，西安一高校老校区一栋三层学生宿舍楼起火，学生们逃出宿舍楼后，大火被消防队员及时扑灭，所幸没有造成学生伤亡。发生火灾的宿舍楼建于1956年，暑期刚换完家具，三楼还刷了防火材料，首先起火的是位于男生宿舍一层出口旁的一间仓库。

警示：对于老校区，学校更应该加大对其安全隐患的排查，防止发生意外。男生吸烟时烟头不要随处乱扔，以有效地避免火灾的发生。

第四节　防范性侵害

性侵害是危害大学生人身安全，影响大学生身心健康成长的主要问题之一。在现实生活中，对女性性侵害发生较为普遍和严重。

一、大学生被性侵害的主要形式

大学生性侵害主要有以下几种表现形式。

（一）暴力型性侵害

暴力型性侵害是指犯罪分子使用暴力和野蛮的手段，对女同学实施强奸、轮奸或调戏、猥亵等。暴力型性侵害具有以下几方面的特点：

1. 群体性。犯罪分子常采用群体性纠缠对女学生进行性侵害。
2. 行为无耻。为达到侵害女大学生的目的，犯罪者往往不择手段。
3. 手段残暴。当性犯罪者进行性侵害时，必然受到被害者的本能抵抗，所以很多性犯罪者往往要施行暴力且手段野蛮和凶残，以此来达到犯罪目的。
4. 容易诱发其他犯罪。性犯罪的同时又常会诱发其他犯罪，如财色兼收、杀人灭口等。

（二）滋扰型性侵害

滋扰型性侵害主要有以下几种形式：

1. 暴露生殖器等变态式性滋扰。

2. 利用靠近女生的机会，有意识地接触女生的胸部，摸捏其躯体和大腿等处，在公共汽车、商店等公共场所有意识地挤碰女生等。

3. 向女生寻衅滋事、无理纠缠，用污言秽语进行挑逗，或者做出下流举动对女生进行调戏、侮辱，甚至可能发展成为集体轮奸。

（三）社交型性侵害

社交型性侵害是指在自己的生活圈子里发生的性侵害。在现实生活中女大学生可能被侵害的主要情形有以下几种：

1. 交友。大学生们离开了父母和家庭，迫切希望得到心灵上的慰藉。同学之间建立纯真无邪的友谊是大学生活不可缺少的。所以女大学生要自尊自重、洁身自好。

2. 求职。在竞争日益激烈的今天，女大学生找到一份工作很不容易，总想通过各种途径去推销自己，这种急于求成的心理往往毫不掩饰地写在脸上，作案分子利用此机会，凭借三寸不烂之舌，取得女大学生的信任和崇拜，然后找机会对女大学生进行侵害。

3. 家教。家教是许多女大学生在大学期间参加的一项社会实践活动，但有的女大学生找家教工作不是通过正规的中介机构去联系有时只是看报酬多少，毫无警惕意识。

（四）胁迫型性侵害

胁迫型性侵害是指作案主体利用自己的权势、地位、职务等，对女学生采用利诱、威胁、恐吓，对其实行精神控制。主要有以下几方面的特点：

1. 利用过错或隐私要挟受害人。

2. 设置圈套，引诱受害人上钩。

3. 利用职务之便或乘人之危而迫使受害者就范。

（五）诱惑型性侵害

诱惑型性侵害是指利用受害人追求享乐、贪图钱财的心理，诱惑受害人而使其受到性侵害。

二、性侵害大学生犯罪的主要特征

（一）作案手法多样性

1. 饮酒。犯罪分子在吃饭的场合提出让女学生喝酒，由于酒精能麻痹人的神经系统，使人的思维过程受到干扰而变得神志不清，自制力下降，从而使犯罪分子轻易得手。

2. 谈恋爱。这种手法具有一定的隐蔽性，一般不容易为被害人所防备。女大学生在选择恋爱对象时，不考察对方的人品、修养及内涵，往往是哑巴吃黄连有苦说不出。

还有其他手法见上文“一、大学生被性侵害的主要形式”。

（二）作案目标选择性

1. 意志薄弱，难拒诱惑者。
2. 贪图钱财，追求享受者。
3. 作风轻浮，有性过错者。
4. 长相漂亮，打扮入时者。
5. 文静懦弱，胆小怕事者。
6. 体质衰弱，无力自卫者。
7. 精神空虚，无视法纪者。
8. 不加选择，乱交朋友者。
9. 怀有隐私，易被要挟者。
10. 身处险境，孤立无援者。

（三）报案时间滞后性

由于性侵害案件客体的特殊性，涉及被侵害对象人格、名誉的损害，加上中国传统世俗的偏见，所以许多女性在遭到性侵害后都采取延迟报案或不报案的态度，致使犯罪分子更加肆无忌惮地对其他女性实施加害行为。

三、大学生对性侵害的预防

（一）增强预防性侵害的意识

1. 不要传看黄色、淫秽的书刊、画册、录像、VCD 等。
2. 与男性交往时，切勿饮酒，更不能过量，以防酒后失身。
3. 有性过错被不轨男性发现后，切莫用发生不正当关系来“私了”。
4. 对大献殷勤的男性包括熟悉的男性都要警惕。
5. 不要为追求金钱，参与“三陪”等活动。
6. 不要早恋，尤其是千万不要为表示自己的忠诚和真心而献出自己的青春。
7. 不要与不三不四的男性交往，以免受其直接的教唆和潜移默化的影响。也不要跟作风漂浮、自甘堕落的女性交往，避免误入歧途。
8. 不要与男性一起谈论涉及色情的笑话、趣闻等，如果是与单个男性在一起时更要杜绝。

9. 不要随意搭乘男性的机动车辆。

10. 不要轻易接受陌生人和他人的物品，即使是茶水、饮料也要警惕，防止其中放入迷药。

11. 如果发现男性的挑逗、轻浮言行，要及时斥责，设法摆脱，必要时可报警求助。

12. 当患病或有其他原因时，不要轻信神汉、巫婆或者有特异功能的人通过性行为、隐秘部位的抚摸进行所谓的治疗。

13. 公共场所不宜穿过于暴露的衣服，也不要有轻浮的举止出现。

14. 夜间不要去单身男教师、男同志、男同学等家中、宿舍或办公室，如果确有必要，要有人同行或者有所戒备，更不能在单身男性家过夜。

15. 掌握一定的护身技术，特别是能够通过与歹徒的斗智斗勇来防范性侵害。

16. 夜晚不要与陌生男性同行，如发现有陌生男性尾随或跟踪时，要设法摆脱，报警求助。

17. 女大学生夜间外出，衣着打扮必须适度。

18. 参加招聘时，不要让单个男性进行所谓的体检。

19. 夜晚出门走路要选择有灯光处，以防有人从某角落出来袭击。

20. 一旦受辱，要尽力保存证据，及时报案，防止自己再次受害。

（二）掌握女子防身术

防身术是一项运用踢、打、摔、拿等武术技击方法，以制服对方，保护自己为目的的专门技术。主要有以下几种。

1. 自卫搏击的基本姿势。侧身是女子自卫时经常选择的姿势。只有侧身，才能尽量少地暴露易遭攻击的部位。动作要领是两腿一前一后，屈膝，脚掌着地，两手握拳一前一后（图 4—4—1）。

图 4—4—1

2. 用手攻击。手是最灵活的，在攻防格斗中，手的威力又最大，所以拳成为人最主要的攻击武器。

（1）直拳。直拳又称冲拳，主要是直线用拳，直接攻击对方面部（图4—4—2）。

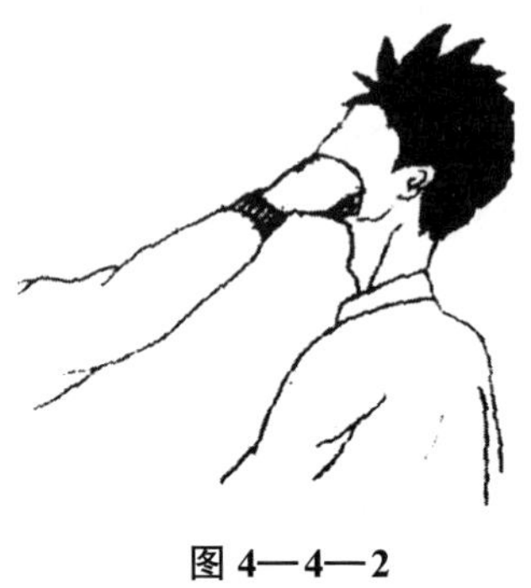

图 4—4—2

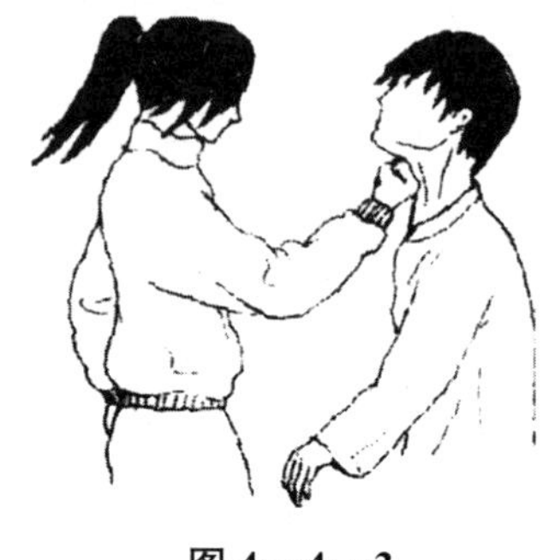

图 4—4—3

（2）勾拳。勾拳又称抄拳，主要走弧线或直线，用拳面由下方击打对方腹部、下颌等（图 4—4—3）。

图 4—4—4

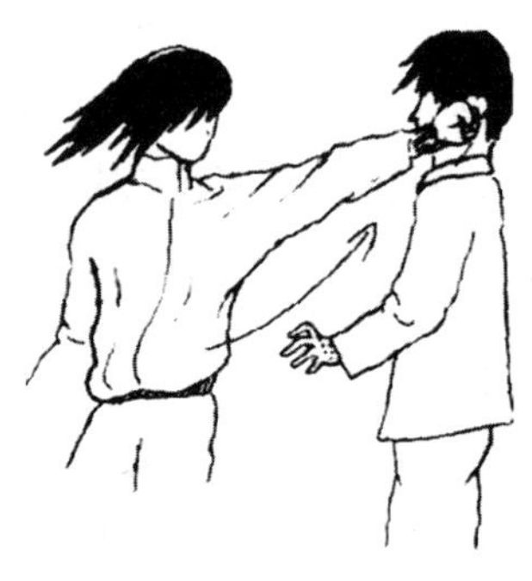

图 4—4—5

（3）劈拳。由上往下，以拳外背棱或指棱攻击对方面部的拳法（图4—4—4）。

（4）鞭拳。鞭拳是由左右以拳背攻击对手头部的拳法（图 4—4—5）。

（5）掌、指攻击面部、眼睛的技法。被歹徒按压时，如手未被按压，可张开手掌，以掌根猛击歹徒鼻梁，可使歹徒轻则鼻血长流，重则昏厥。这一掌在武术中叫迎面掌（图 4—4—6）。迎面掌到位后，张开的五指以指甲贴其面抓下，武术中这一招叫“迎面贴金”，又叫“洗脸炮”（图 4—4—7）。轻则抓破眼睑，泪流不止，眼睛睁不开，重则伤及眼球。这一招使用方便，乘歹徒一时丧失施暴能力，自卫者可及时逃脱。

图 4—4—6

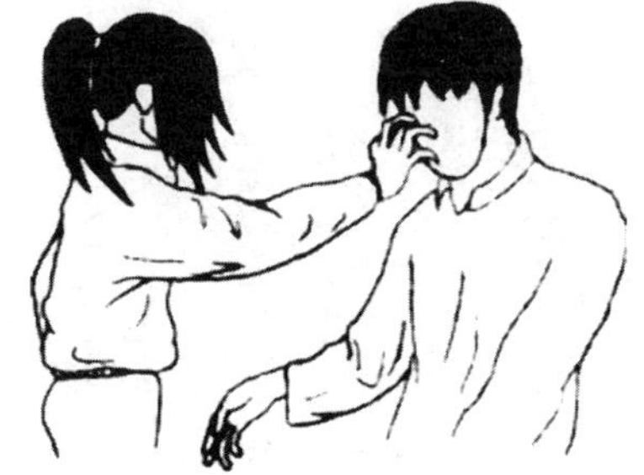
图 4—4—7

以单指或双指叉眼的方法在武术中叫“单放”“双放”或“二龙戏珠”（图 4—4—8）。在被歹徒按压时，因为距离极近，歹徒又疏于防范，使用单指叉眼、双指叉眼的技法则是非常有效的（图 4—4—9）。事实上，只要能叉中歹徒眼睛，不必拘泥于用单指还是双指，用五指亦可，用双手双指亦可。前提是要视使用的熟练程度和当时两手能否活动自如而定。

图 4—4—8

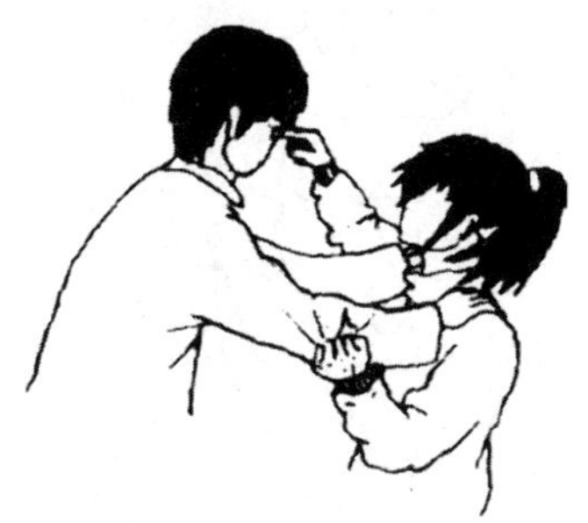
图 4—4—9

用大拇指勾托住对手下巴，以食指、中指尖压插对手眼球上部，攻其双目，是峨眉派绝技，称为“鸿门设宴”（图 4—4—10）。使用此招的前提是：暂时封住对方双手，最好利用地形环境等使其身体被控制住，双手不能自救，身体不能脱逃。

3. 用肘攻击。肘法属于近距离击打的技法。由于肘部的生理构造特点，击打力量较之手法（掌、拳等）要重、要狠，比较适合女性自卫。

（1）顶肘。肘部平抬，屈臂，肘尖向前，发力时蹬腿、送髋，同时另一手大臂向另一侧也产生一股伸张力。蹬腿、送髋、大臂猛伸张，三股力用好了，顶肘动作就完美了。由于顶肘是以肘尖攻击，女性自卫时用以顶击对方腋下，效果最好。但顶肘发力距离短，又无旋转助力，练习时难度较大（图 4—4—11）。

图 4—4—10

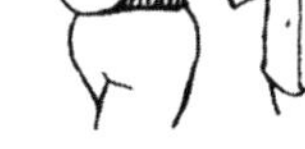

图 4—4—11

（2）挑肘。前臂回收弯曲，肘尖由下向前上方挑击。发力时蹬腿、旋转身体，要领同直拳、勾拳，挑臂动作同勾拳。挑肘可用于击打对方下颌或胸腹部（图 4—4—12）。

图 4—4—12

（3）横肘。横肘动作主要需两股力，一是蹬腿，二是旋转身体。大臂向前横移，实际上也是旋身之力的延长。横肘是以肘尖击打对方，适于攻击对方太阳穴、后脑、耳门、颈部以及胸肋等（图 4—4—13）。

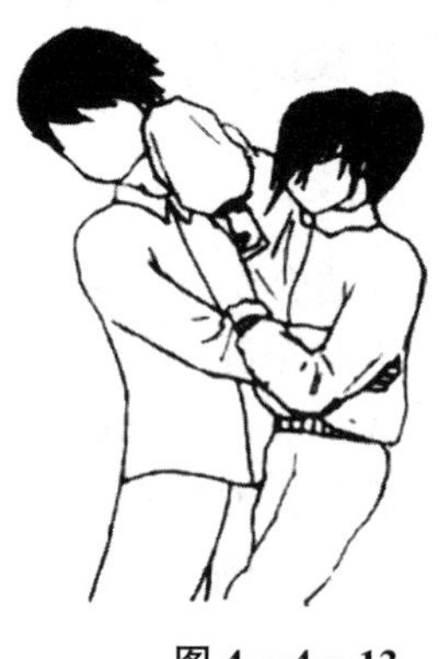

图 4—4—13

图 4—4—14

（4）砸肘。手臂上抬，肘尖朝前朝上；砸击时身体迅速下沉，肘由上往下砸击。身体下沉与手臂砸击两股力合二为一。砸肘多用于对方抱腰、腿时砸击其后脑、腰部（图 4—4—14）。

（5）反手顶肘。手臂略上抬，身体迅速下沉（但幅度没有砸肘大），同时两肘向后顶击，力达肘尖。顶肘主要用于攻击背后之敌的肋部、腹部（图 4—4—15）。

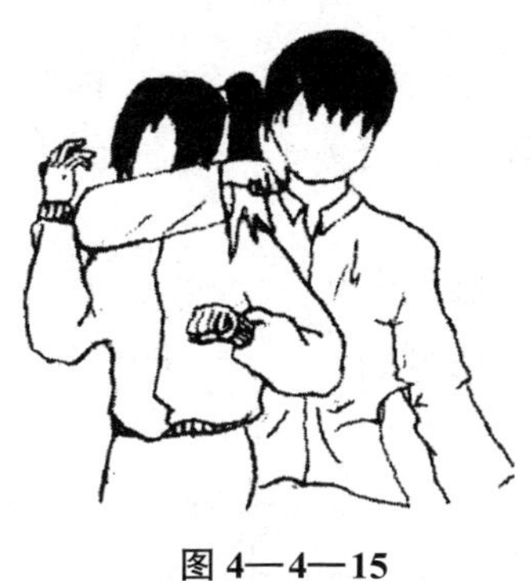
图 4—4—15

图 4—4—16

（6）反手横肘。手臂平抬，蹬腿，身体旋转发力，同时手臂随旋转方向向后横向猛击，力达肘尖。反手横肘主要用于攻击背后之敌的面部、太阳穴等（图 4—4—16）。

4. 用膝攻击。膝的力量极大，用膝攻击男性的要害部位如裆部，可说是杀鸡用了牛刀。

（1）提膝。提膝又称顶膝，要领是膝腿上抬，动作要猛，并以双手拉住对方帮助发力（图 4—4—17）。提膝是女性攻击时时常选用的招数。提膝时可用手帮助发力。

图 4—4—17

图 4—4—18

（2）侧撞膝。侧撞膝分为左侧撞膝和右侧撞膝。左侧撞膝是左膝上抬，由左向右侧撞击。右侧撞膝动作与左侧撞膝相反。侧撞膝的动作要领是：微倒身，扭髋内转，两手可抓住对方帮助发力。

5. 用腿攻击。腿法可分为屈伸性腿法和直摆性腿法。直摆性腿法（如摆腿、后扫腿等）难度较大，未经长期特殊练习，不会有任何威力。考虑女生各方面的条件，还是用屈伸性腿法自卫比较合适。其主要腿法包括以下几方面：

（1）蹬腿。蹬腿时，一腿支撑，一腿膝上抬，同时向前蹬出。蹬腿要领：脚尖要勾，用脚跟猛力蹬出，力达脚跟。蹬腿时身体不可前后俯仰，要干脆有力，蹬出后迅即收回（图 4—4—18）。

（2）弹腿。一腿支撑，一腿提膝，同时膝关节由屈到伸，向正前方弹踢出腿。脚背绷直，小腿弹出干脆有力，力达脚尖（图 4—4—19）。

（3）踹腿。踹腿又可分为正踹、侧踹。正踹时，一腿支撑，一腿提膝稍上抬，上抬之腿脚尖外摆，向前下方猛力踹击，力达脚跟。正踹腿一般用于攻击对手胫骨（小腿骨）。侧踹时，先转体，一腿上抬，屈膝，勾脚尖，由屈到伸向前踹击，力达脚跟。低侧踹腿可用于攻击对方胫骨和膝关节；中侧踹腿可用于攻击对方裆部、腹部（图 4—4—20）。

①

②

图 4—4—19

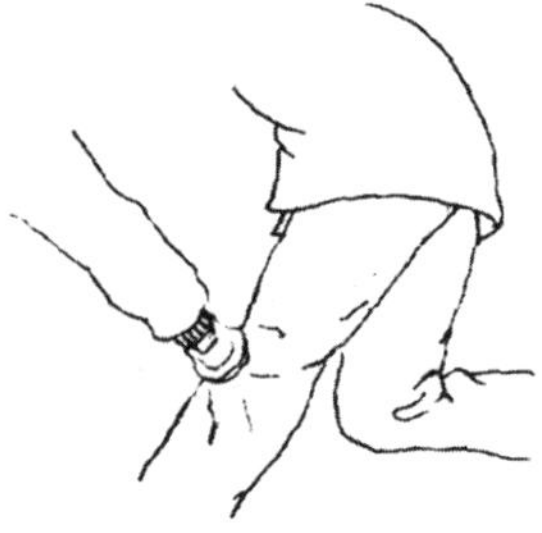

图 4—4—20

6. 用头攻击。以额头为武器攻击对手，在武术中被称为头锋。头部虽然多要害薄弱部位，但头部也有坚硬的部位，这就是前额。

头锋攻击，主要用于撞击对手面部和胸部，通常，撞击面部效果较好。撞击面部要瞄准鼻梁处三角区，千万不能撞在对方前额上，形成互伤（图 4—4—21）。

图 4—4—21

7. 头发被抓扯时可以采用的技法

（1）当受害人被歹徒从正前方抓住头发往前拖扯之时，切勿与歹徒的抓扯力相抗，以免头皮受伤。歹徒拖带一般朝上向下前方，女子的头不能抬起，头、眼也朝着这个方向。歹徒一般都是身内拖带，因此裆部要害部位便全部暴露，并正处于受害人面对的方向。这时，应趁被抓扯俯身向前冲而站立不稳之机，借着抓拉之力，借着惯性，将膝头高提，以提膝的打法猛撞歹徒裆部。

（2）当受害人侧立被人扯拖头发时，可顺其力侧身弯腰靠近歹徒，顺势撩发掌击其裆部，然后以手抓握其生殖器（图 4—4—22）。歹徒有时会揪住受害人头发拖着往前走，这时受害人是在歹徒的背侧位置，头已过其肘前，身在其肩后。应以手掌自歹徒后裆猛地插入，使用掏裆法，握紧后提。一手掏裆时，另一手抓抱其腰胯配合发力。

图 4—4—22

图 4—4—23

（3）头发被抓时抱住歹徒，可用一手掌心向上，四指直插进软肋（肋骨下），扣住肋骨往上扯，对方痛极自然会松手；或双手叠压于对方抓发之手背部，上体前倾弯腰下压（图 4—4—23）或击打对方肘部曲池穴等，歹徒也会松手。

8. 被抱时可以采用的技法

（1）正面被抱腰时肘击太阳穴最为便捷。正面被歹徒抱腰，但手臂未同时被抱住，是以肘部攻击对方太阳穴的最好时机。一旦歹徒双手抱住受害人的腰，他的头部就全部暴露而失去防护了。这时，受害人可以佯装拒绝他的亲吻等，使上身后仰，造成攻击距离（图 4—4—24），接着猛然收腹、旋身、挥臂，以肘部猛击其太阳穴（图 4—4—25）。以肘攻击歹徒太阳穴最好采用连续攻击法，一气呵成（图 4—4—26）。

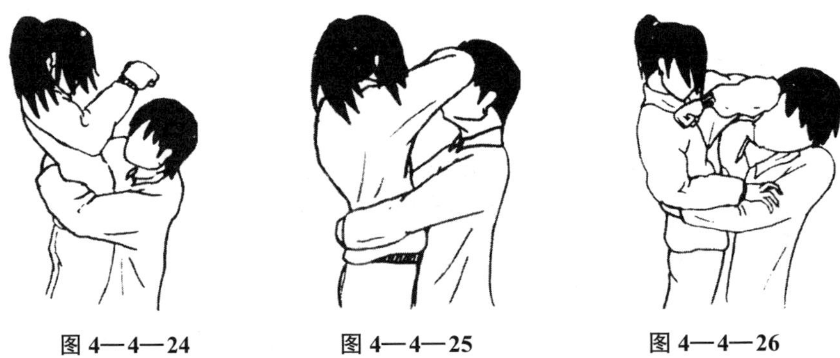

图 4—4—24　　**图 4—4—25**　　**图 4—4—26**

（2）正面被抱腰时还可攻击其眼睛，折其手指。正面被抱腰时因为手臂未被抱住，所以这时也可以采用叉眼、戳喉等方法（图 4—4—27）。如果只求脱身，可采用折手指技法（图 4—4—28）。

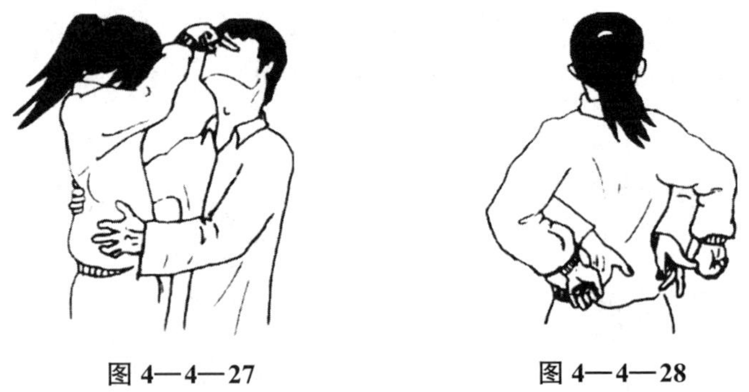

图 4—4—27　　**图 4—4—28**

（3）背后被抱时可采用的技法。① 连手臂后腰被抱时。受害人可伸手抓、握、提对方的生殖器（图 4—4—29）。因歹徒注意力在上部，很有隐蔽性，成功可能性很大。需要注意的是，反手掏出，务必要准确。如果歹徒抱住的是腰际，那么歹徒必然弯腰，头较低，这时可猛仰头以后脑击其面部（图 4—4—30）。

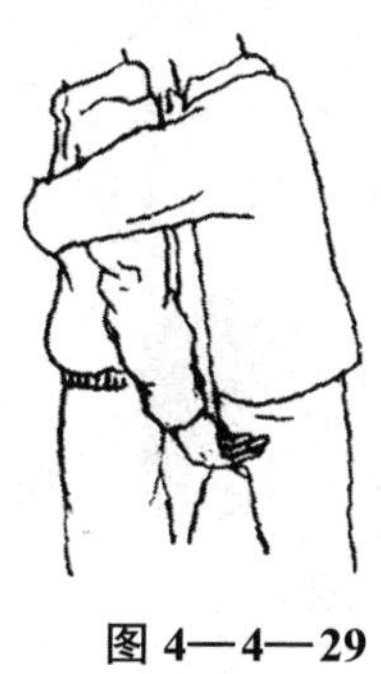

图 4—4—29

图 4—4—30

②后腰被抱时。可有 3 种技法：抬手以反手横肘向后猛击歹徒太阳穴，当然别忘了蹬腿，身体旋转发力，力达肘尖；反方向折其拇指或小指；以脚跟猛跺其脚面（图 4—4—31）。

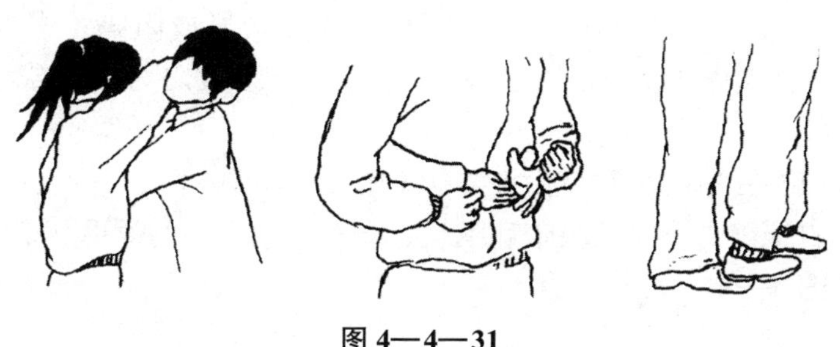

图 4—4—31

9. 仰卧被按压时可以采用的技法。仰卧被按压时要尽可能地采取攻其要害、一招制敌的抬腿蹬击裆部方法。这时可以采取的直接攻击的方法有以下几种：

（1）如歹徒抬起手肘，露出腋下，可用掌夹、风眼捶、勾手等猛击其腋窝（图 4—4—32）。

图 4—4—32

图 4—4—33

（2）如歹徒是分跨于受害人身体两侧站立，而俯身抓、掐、压制受害人，受害人可抬腿蹬击其裆部。要领是要抬起腰、臀，用出将身体送出去的力量猛蹬（图 4—4—33）。

（3）如歹徒强行亲吻受害人，可抓住机会猛咬其鼻尖或舌尖。但要注意的是，被咬伤后的歹徒可能更丧心病狂。因此要在狠咬之后，趁其负痛一时失智的机会，连续进攻，再对其要害部位实施攻击（图 4—4—34）。

图 4—4—34

图 4—4—35

（4）如果手臂未被压住，歹徒的手臂又未形成阻隔（多在抱胸腰时），可用肘尖横击其太阳穴。要点是要用上腰腹之力、旋臂之力（图 4—4—35）。

（5）以头锋撞其鼻梁，抬头要猛（图 4—4—36）。

（6）直接戳击歹徒的眼睛和咽喉，会有意想不到的效果，因为这时距离很近（图 4—4—37）。

图 4—4—36

图 4—4—37

四、大学生性侵害发生后的处理

（一）及时报案

女大学生一旦遭遇性侵害事件后，应及时向有关部门报案，不能因为害怕名誉受损，将苦果自己咽下去，这样会使犯罪分子逍遥法外，也使更多的女性受害。

（二）配合调查

性侵害发生后，在报案的同时，被害人要将侵害的有关物证保留好，并将犯罪分子的体貌特征、衣着打扮、口音、携带物品、受伤状况等如实地向有关调查人员反映。

（三）调整心态

女大学生被侵害后，表现出意志消沉，整天生活在阴影中，会产生厌世情绪。有些则会走上自甘堕落的道路。还有自尊心较强的会由悲愤产生强烈的报复心理，从而导致自己走上犯罪道路。因此，作为有知识、有文化的女大学生一定要在吸取教训的同时，及时调整心心态，走出阴影。

五、性侵害案例

案例 1：武汉女大学生遇害 数千男师生采血验 DNA 惹不满

武汉一女大学生返校途中离奇身亡，之后女生尸体在一处桥洞中被发现。昨天，警方初步判断此案是一起刑事案件，附近四所学校的数千名男性师生被要求抽血提供血液样本查 DNA。对此，不少男生表示不满。

警示语：形形色色的性侵害案件告诉了我们，同学们尽量不要一个人出行，最好有同伴陪同，尤其在夜晚更加要提高警惕，不要去人少的地方。学校也应加强校园安全巡逻，有效预防此类事件的发生。

案例 2：南京某大学的学生小李，放假后发布广告寻求家教工作时被一中年男子聘请，并达成月薪 800 元的协议。某天下午，小李来到男子家，为其女儿辅导完功课后被要求留在家里吃饭。饭后，男子让女儿送饭给做生意的母亲。待女儿走后，男子称头昏叫小李给他按摩一下太阳穴，小李觉得很不好意思，没想到该男子趁机将小李搂在怀中。最终，小李顽强反抗，顾不得向对方要课时费就离开了。事后，她到律师事务所通过法律途径为自己讨回公道。

警示语：现在女大学生遇到性侵犯的现象频频发生，尽管有的侵害人受到法律制裁，对于当事人来说，其身心受到的损害是难以弥补的。如果遇到家长不礼貌的举动，一定要严厉拒绝，也可以带上录音笔，录下整个家教过程，为自己搜集证据。最重要的是，一旦受到骚扰，一定要报案，这样不仅保护了自己的权益，而且可以防止更多的大学生受到侵害。

第五节 疾病预防

由于大学生过着密集的集体生活，社会活动又较活跃，学校人员流动性大，一些流行性疾病还是会在大学生中发生。所以，正确认识并且有效预防流行性疾病是现代大学生文明、进步的体现，既有益于个人又益于社会。在本节，我们将主要对流行性疾病的相关知识进行简要介绍。

一、流行性疾病预防的总原则

（一）切断传染途径

可以通过以下几种方法切断传染途径：

1. 消灭四害（老鼠、臭虫、苍蝇、蚊子）以及蟑螂等有害昆虫。

2. 对饮食、水源、粪便加强管理或进行无害化处理。

3. 不食用、不加工不清洁的食物，拒绝生吃各种海产品和肉食，不喝生水。

4. 不随便倒垃圾，不随便堆放垃圾。垃圾要分类并统一处理。

（二）锻炼身体，增强抵抗力

学生在校期间要养成良好的锻炼身体习惯，可以通过早操、体育课、课间操、课外活动等体育锻炼活动增强身体素质，增强抵抗流行性疾病的能力。

（三）远离传染源

不要与肝炎病人、流行性出血性结膜炎病人、非典型性肺炎病人等共用生活用品，对其使用过的物品要及时消毒。

如果当地出现非典型性肺炎、高致病性禽流感等重大疫情，尽可能不去医院和疫情爆发源所在地，必须去医院看病的，须戴口罩，回家后及时洗脸、洗手消毒。严禁无关人员进入流行性疾病疫区。

（四）保持室内空气流通

1. 教室、宿舍等每天要开窗通风 3 次以上，每次至少 10~15 分钟。

2. 空调设备应定期清洗空气过滤网。

3. 避免在集市、商场、影剧院等通风不畅和人员聚集的地方长时间停留。

（五）及早进行预防

应常备中药板蓝根、大青叶、金银花等，最好在流感季节来临之前提前预防；定期注射或接种流感疫苗、乙肝疫苗、狂犬病疫苗和抗狂犬病血清、流行性出血热疫苗等。无论何种原因，如身体持续发热，都应及早就医。及时将流行性病人进行隔离；配合流行性疾病调查人员做好相关调查。

二、流行性感冒的预防

流行性感冒简称流感，是由流感病毒引起的急性呼吸道传染病。与客观存在病毒引起的呼吸道感染不同，流感往往会引起较大流行。

（一）流行性感冒的主要症状

症状主要有急性高热、畏寒、头痛、乏力、全身酸痛等。高热持续2~3天后渐退，全身症状逐步好转，但出现鼻塞、流涕、咽痛、干咳等上呼吸道症状。少数人有鼻出血、食欲不振、恶心等症状。严重者可并发病毒性肺炎。

（二）流行性感冒的传播途径

流行性感冒的特点是突然发病、迅速蔓延、发病率高、流行过程短。传染源是病人，自潜伏期末即可传染，病初2~3天传染性最强。传播途径主要是通过飞沫，病毒存在于病人的呼吸道分泌物中，易感者吸入后即会感染。

（三）流行性感冒的预防

1. 在流感多发季节，尽量少去人员密集的场所。

2. 注意个人和公共卫生，注意保持宿舍卫生清洁和室内通风，勤晾晒衣被。

3. 出现流感症状应卧床休息，多饮水和进流质或半流质饮食，要漱口，保持鼻、咽、口腔卫生。

三、病毒性肝炎的预防

病毒性肝炎按所致的病毒不同，可以分为甲型、乙型、丙型、丁型和戊型5种。其中甲型和乙型肝炎发病率较高，下面就对这两种肝炎进行简要介绍。

（一）甲型肝炎

1. 甲型肝炎主要症状

最常见的临床表现有：全身明显乏力、食欲减退、厌油、恶心、呕吐。此外还可以有发热、腹胀、腹泻、尿黄（似浓茶水样）、巩膜和皮肤黄染、肝区隐痛等症状。出现上述症状的可疑甲肝患者，应及时去医院进行肝功能等有关检查。

2. 甲型肝炎传播途径

（1）主要经消化道传播，病人或带病毒者的粪便中含有大量病毒，可直接或间接地污染食物和水，再经口进入体内。

（2）水源或食物严重污染可引起暴发流行。

（3）病人所用的餐饮器具也是传播的主要途径。

3. 甲型肝炎的预防

（1）养成餐前便后洗手的习惯。

（2）接种甲肝疫苗（有效保护期 3~5 年）；接种甲型肝炎病毒疫苗是预防本病的根本措施。

（3）对公用餐具、饮水器具均应消毒，实行分餐制，防止病从口入。

（4）对甲肝患者要予以隔离治疗，隔离期自发病日起 3 周。

（5）注意个人卫生，不食未经煮熟的毛蚶等贝类水产品；不到无卫生许可证的饮食摊点进餐。

（6）患者隔离后对其住室及活动地方进行全面消毒。

（7）如果甲型肝炎的暴发、流行为水源污染引起，则须用漂白粉等对取自该病源的饮用水及其污染炊具、餐具等进行充分消毒，并严禁喝生水。

（8）对有与甲型肝炎密切接触史的易感者可用免疫球蛋白进行预防注射。

（9）有密切接触史的炊管人员应调离工作岗位 45 日。

（10）病人密切接触者和感染源暴露者检疫：病人发病前 2 周至病后 10 天左右，凡与其有过密切接触的人均应予以检疫。

（11）如果甲型肝炎暴发、流行为污染食物所致，则所剩部分应废弃或充分消毒后方可食用。

（二）乙型肝炎

1. 乙型肝炎主要症状

乙肝患者通常乏力、食欲不振、恶心、呕吐、厌油、腹泻、腹胀，有肝区痛、肝肿大现象，部分患者可有发热及黄疸。严重者迅速进展为重型肝炎，易进展为慢性肝炎、肝硬化，甚至癌变。乙型肝炎的并发症有肝源性糖尿病、HBV 性胆囊炎、脂肪肝、肝炎后高胆红素血症、肝硬化、肝癌等。

2. 乙型肝炎传播途径

（1）母婴垂直传播等。

（2）血液或注射途径传播。

3. 乙型肝炎的预防

（1）食具、洗漱、刮面用具专用。

（2）血清 HBV 感染标志物阳性者不能献血，避免从事饮食、食品加工和托幼工作。

（3）尽可能推广应用一次性注射器和有关医疗用品。

（4）接触病人后用肥皂和流水洗手。

（5）接种乙肝疫苗。注射乙肝疫苗是预防乙型肝炎的重要手段。目前使用的疫苗有从 HBsAg 阳性健康人群的血中提取的 HBsAg 作为血源性疫苗和基因工程生产的疫苗和多肽疫苗。我国主要应用乙肝疫苗预防母婴传播。对于 HBV 高危人群也可注射乙型肝炎疫苗预防 HBV 感染，接种 3 次，可持续 5~10 年以上。可每 5 年加强注射一次。

（6）严格筛选献血者，严格掌握输血适应症，非必要时不输血和不用血制品。

四、肺结核的预防

肺结核是由结核杆菌引起的一种缓慢发病的慢性呼吸道传染病。结核杆菌可引起肺部组织产生炎症、坏死和液化，也可产生结核结节。当机体免疫力提高特别是经有效治疗后病变可吸收好转，也可纤维化，坏死组织可钙化。当机体免疫力下降时，病灶坏死液化加重、结核菌在肺内或全身播散、钙化灶重新活动。

（一）肺结核的主要症状

患者有全身中毒症状和呼吸系统症状。全身症状主要有：长期低热，午后及傍晚开始，次晨降为正常。可能会伴有乏力、夜间盗汗。呼吸系统症状有：咳嗽、咳痰、咯血、胸痛和气急。

（二）肺结核的传播途径

结核病人咳嗽排菌是肺结核传播的主要来源。传播途径主要是病人与健康人之间经空气传播，患者咳嗽排出的结核菌悬浮在飞沫中，当人吸入后可引起感染。咳出的痰干燥后结核菌随尘埃飞扬，也可能造成吸入感染。

（三）肺结核的预防

1. 大学生应注意养成良好的生活和学习习惯，注意营养和休息，加强体育锻炼，提高自身的免疫能力。

2. 进行卡介苗接种。

3. 加强对结核病人的管理，病人咳嗽时应以手帕或纸掩口，不随地吐痰。

五、细菌性痢疾的预防

细菌性痢疾简称菌痢，是由痢疾杆菌引起的常见急性肠道传染病。细菌侵犯结肠黏膜，引起肠黏膜的炎症反应，导致肠黏膜细胞的变性、坏死，然后可形成小而浅的溃疡。严重的中毒性菌痢，由细菌毒素引起的全身中毒症状严重，可导致重要器官功能衰竭。

（一）细菌性痢疾的主要症状

主要临床表现为畏寒、发热、腹痛、腹泻、脓血便和里急后重。腹泻每天可 10~20 次，大便量少，呈糊状或脓血便。

（二）细菌性痢疾的传播途径

传染源是病人和带菌者。病人及带菌者的粪便中含大量痢疾杆菌，粪便直接或间接污染食物、饮水和手等经口进入肠道而感染。

（三）细菌性痢疾的预防

1. 加强饮食、饮水卫生，消灭苍蝇，养成饭前便后洗手的习惯。

2. 不要吃生菜和不洁的瓜果。

3. 熟食和瓜果不要在冰箱中放置过久，取出后先加热消毒再食用。

4. 口服大蒜、黄连有预防作用。

六、流行性腮腺炎的预防

流行性腮腺炎（简称腮腺炎或流腮）是儿童和青少年中常见的呼吸道传染病，成人中也有发病。本病由腮腺炎病毒所引起，该病毒主要侵犯腮腺，但也可侵犯各种腺组织神经系统及肝、肾、心脏、关节等几乎所有的器官。因此除腮腺肿痛外常可引起脑膜脑炎、睾丸炎、胰腺炎、卵巢炎等症状。

（一）流行性腮腺炎的主要症状

患者大多无前驱期症状，而以耳下部肿大为首发病象，少数病例可有短暂非特异性不适，可出现肌肉酸痛、倦怠、食欲不振、头痛、低热、结膜炎、咽炎等症状。起病大多较急，有发热、头痛、寒意、食欲不振、恶心、呕吐、全身疼痛等，数小时至 1~2 天后，腮腺即显肿大。腮腺肿胀最具特征性的是一侧首先肿胀，但也有两侧同时肿胀者；一般以耳垂为中心，向前、后、下发展，状如梨形而具坚韧感，边缘不清。局部皮肤紧张发亮，表面灼热，但多不红，有轻触痛。

（二）流行性腮腺炎的传播途径

流行性腮腺炎在温带地区以春、冬季最多，夏季较少，但也可发生流行。在热带无季节性差异。病人是传染源，飞沫的吸入是主要传播途径。

（三）流行性腮腺炎的预防

1. 多饮水。
2. 根据天气的变化，增减衣服。
3. 居室要定时通风换气，保持空气流通。
4. 隔离患者使之卧床休息直至腮腺肿胀完全消退。
5. 加强体育锻炼。
6. 可以口服一些预防性药物。
7. 少去人员集中的公共场所。

七、艾滋病预防

艾滋病传播途径在很大程度上取决于人们的行为和习惯，因此，预防艾滋病是完全可能的，而且是可以做得到的。对大学生个人预防来说，除掌握有关艾滋病知识外，需做到：

1. 洁身自爱，不去非法采血站卖血，不涉足色情场所，不要轻率地进出某些娱乐场所；任何场合都应保持强烈的预防艾滋病意识；不要存在任何侥幸心理；不要因好奇而尝试吸毒。

2. 生病时要到正规的诊所、医院求治，注意输血安全，不到医疗器械消毒不可靠的医疗单位特别是个体诊所打针、拔牙、针灸、手术。不用未消毒的器具穿耳孔、文身、美容。

3. 不与他人共享剃须刀、牙刷等，尽量避免接触他人体液、血液，对被他人污染过的物品要及时消毒。

4. 注意与艾滋病病人的接触：给艾滋病病人采血及注射时，注射器应采用一次性用品，病人的血液、排泄物、污染的物品应进行彻底焚烧。病人的器皿及医用器械要专人专用，如病人的刮脸刀、牙刷、毛巾、茶杯等应专人专用，排尿、排便后要用肥皂洗手，可达到消毒的目的。

应禁止 HIV 抗体阳性者献血及提供其他体液。应告诉患艾滋病的妇女，不要口对口给婴儿喂食；月经期应特别处理好经血，不得使之污染他物；性生活时要采用避孕套，以防感染他人。同时，尽量说服病人不要怀孕，因为怀孕期可以将艾滋病病毒传染给后代。病人的性伴侣、配偶要定期进行艾滋病病毒抗体检查。

总之，艾滋病虽是不治之症，但可以预防。最要紧的是要遵守政府法令，遵守性道德，特别要注意非法黑血站——再贫穷也不能去卖血，再紧急也不能输用可能污染 HIV 的血，以免感染艾滋病病毒。若有艾滋病感染可疑时，可以到防疫机构接受检查；一次抽血艾滋病病毒抗体阴性，不完全排除没有传染上艾滋病，应定期检查。

另外，专家建议大学生们要掌握相关医学知识，正确认识艾滋病，了解艾滋病。

第六节　交友、恋爱中的安全

人生活在社会之中，人的生活离不开社会，社会也因为人的交往而变得丰富多彩。人是一种社会性动物，交友是人在社会中生活最基本的技能，也是最常见的行为。交友满足了人的最基本需求。当我们离开熟悉的土地、离开父母、离开朋友，跨入大学校园的那一刻起，孤身一人的我们首先面对的就是交友、适应新的环境。还有一些同学，在步入大学之后，开始关注交友恋爱问题。

一、大学生交友的不安全性及预防

交友是人类的心理需要，多交朋友无可厚非。但有的大学生在交友的过程中缺少必要的常识和足够的警惕，或盲目自信、失去原则，或轻信他人、滥交朋友，结果却事与愿违，自酿苦果。

案例 1：某校一名女生林某外出游玩，途中结识了一男子杨某，杨某得知林某的一银行卡内存有现金20余万元时，立即对其大献殷勤，并自称是高干子弟。林某返校后，杨某仍与其保持联系，后又称自己在外借了高利贷，并已与家里闹翻，现被人催债等理由向林某借钱，林某信以为真，接连将20余万元借给了杨某，且未留任何凭证借条。之后，林某意识到自己可能受骗，再与杨某联系时，对方又以各种理由拒绝还钱，林某只得向当地派出所求助，经过警方调解，最后，林某终于拿回了20万元现金。

案例2：某高校女生沈某与网友见面。网友返乡时利用沈某的信任，私自带走了沈某的手提电脑。次日，沈某为取回电脑赶到网友家乡，被安排进旅馆。后来，网友对其不予理睬，并用各种手段限制其通讯自由。沈某一人孤身在外，无计可施。沈某家人与其联系中断后，焦急万分，无奈之下向校方及警方求助。经过多日波折，沈某父母终于将其找到，并带回家乡。

诸如此类的案件在我们周围绝不罕见。因交友不慎，被“朋友”骗吃骗喝、骗钱骗物者有之；帮朋友“分忧解难”而在有意无意中触犯法律者有之，为“友情”所累者也有之。可见，喜好交际并非代表人际交往能力强，相反，在某些情况下，它恰恰暴露出了某些大学生交往中的弱点。因此，同学们要慎重交友。朋友从相识到相知需要一个逐步了解的过程，萍水相逢就一见如故、无话不说是非常不明智的做法。大学生需要掌握一定的交友技巧，保持一定警惕，冷静地分析对方身份、背景以及交友动机，不要为假象所迷惑，不让对方左右你的思想。尤其是不要轻信初次见面就自我吹嘘、夸夸其谈和热情过度的人，不要轻率地投入感情、金钱，以防止上当受骗，落入他人设下的陷阱。那么，如何才能获得一段真挚的友谊呢?

（一）正确认识交友的意义

朋友是我们沟通的对象，是除亲人和老师外能使我们敞开心胸说话的人。交友是我们的正常需要，我们应认真对待，树立正确的交友观和价值观。明白友情重于金钱，明白友情与爱情的区别。分清哪些是真正的友谊，才不会被人利用，不会成为犯法的工具。河南省一个男生从小不爱交朋友，步入中学后，因生理的改变，好奇心的增强，交上了“女友”，为她荒废学业，后被女友抛弃，引得他精神失常。这说明认识友情的意义是很重要的。另外，在交友的过程中，要自尊、自信。尊重自己，保持自己的人格独立，才会赢得别人的尊重。遇事独立思考，有自己独立的思想见解，不人云亦云。

（二）择善交友

“三人行，必有我师焉！”每个人都有自己的长处和短处。多从朋友身上发掘优点，多结交对自己有益的朋友。试着去了解别人，也让别人了解你。友谊是以情感为支点的，相互了解是彼此产生感情的基础。所以，走进同学中间、同伴中间，主动地了解别人，也让别人了解你。在交友的过程中，应扩大交友的范围，只有多交友、广交友，才能更广泛地接触到不同的人。通过筛选，从中找出自己理想中的朋友。

（三）注重交友原则

在结交朋友时，应该要理智，不要盲目信任，为了“讲义气”而为他人做非法的事，最终害人害己。毕竟，“哥们儿义气”不是真正的友情，不值得我们盲目付出，但有的大学生就缺乏这种意识，而引起了灾祸：2011 年，海南省某高校学生，本来成绩优秀，因长期参与社会上的不法团体，犯下了偷窃、抢劫等十多宗案件，引起了社会的轰动。因此，在选择朋友时，要选择与自己志趣相投的，能使自己进步的益友，不要因一时利益而误交损友。

（四）完善自我

把自己多投身于社会，从而去认识社会，培养自己的性格和思想道德情操，学会控制自己，学会分清事情的是非黑白，有自己的判断能力。在我们的周围有很多的大学生因思想意识观念薄弱而误入歧途。因此，要正确对待父母、老师的教育，学会请求他们的帮助，从而更好地促进自己心理的成长。

（五）学会维持友情

要维持一段友情，必须对朋友付出，对待朋友以宽容的态度。努力关心他人，给予关爱。对别人应该给予诚心诚意的帮助。人在困难的时候拉他一把胜过富贵时送他一车。宽容待人，严于律己。金无足赤，人无完人，要求别人一点缺点也没有是不可能的，对别人因疏忽而造成的过失要宽容。尊重他与你不同的见解、不同的观念、不同的行为方式、不同的选择。宽容别人的同时要严格要求自己，有了过失、错误要主动承认，自觉改正。主动承认错误，不但不会损害你的形象，反而还会赢得他人的尊重，这有利于友情的维持。

（六）学会主动争取友情

交一知己，一是因为缘分，二是能抓住机会交友，这是很必要的。如果大家课间玩玩闹闹，一起游戏、谈话，而你总是一个人冷眼旁观，从不参与，又如何能了解别人，得到别人的了解，获得友谊呢？友谊不是天上掉下来的馅饼，是争取来的。任何友谊都是在共同的生活、学习或劳动中经过了解而建立起来的。积极主动在交友时是十分必要的。

二、大学生恋爱的现实表现及建议

当前，恋爱已经成为当今大学生活里的普遍现象。在校大学生的年龄平均在 20 岁左右，已经是合法的公民、成年人，受到法律的保护和约束；在心理和生理上都趋于成熟时期，他们渴望爱情。而且，中国高校的条例、条规上明确规定，在校大学生可以结婚。因此，大学生谈恋爱本是毋庸置疑的。但恋爱后随之而来的是思想观念上的排他、波动，因情所困，荒废学业，甚至出现令人心痛的失恋自杀事件等，都让社会不断地质疑大学生的恋情。

案例：一个大学生在他的博客里写道：我希望我在大学里拥有这样的生活，恋爱了，爱得疯狂，爱得痴迷，爱得如同捕风……幸福得像花儿一样，快乐得像鱼一样；我认真地对待学习，很用功……忙碌得像小蜜蜂一样，疲惫得像黄牛一样。我以为这样可以收获爱情和学业，其实我错了。在爱情和学业两端我怎样选择都是错。放弃学业，爱情将没有保障，没有未来，没有支撑点；放弃爱情那将是一种对自己的背叛，心与心的纠结很少有人琢磨得透。可是怎样去面对这个棘手的问题呢？我害怕起来了。……

（一）大学生恋爱的现实表现

部分大学生心理发展滞后生理发展，导致他们情绪不够稳定，反映出他们不够成熟的心理状态，通常表现为有时易冲动、焦虑、困惑、迷茫、失落等。在恋爱方面，具体呈现出以下特点：

1. 恋爱态度轻率。当代大学生只注重恋爱的过程，而不注重恋爱的结果。多数大学生把恋爱描述为“体验幸福”和“充实大学生活”。有些大学生以选择理想对象为由，见异思迁，频繁更换对象；少数大学生出现“三角恋”和“多角恋”，以致在同学之间造成感情纠纷，甚至发生冲突，酿成悲剧。他们在恋爱过程中，只一味追求爱情的浪漫，而忽视爱情的义务和道德，认为恋爱与婚姻无关。未婚先孕就是当代大学生恋爱轻率的最好见证。

2. 恋爱观念开放。当代大学生受西方思潮和社会不良风气的影响，传统道德意识逐步淡化，对婚前同居、婚前性行为持开放、理解和宽容态度。

据中国青少年研究中心与中国青少年发展基金会所做的一项专项调查结果显示：在初中以下文化程度的青少年中，对婚前性行为持宽容态度的比例为 54.08%，大学本科以上文化程度的青少年中，这一比例为 75.3%。由此可见，随着社会环境的变化，当代大学生的性观念也日益开放。大学生多角恋爱、在外同居的现象时有出现。

3. 恋爱行为公开。尽管社会各界对于在校大学生谈恋爱的态度为"不赞成、不反对"，但这并不意味着在校大学生的各种行为不受纪律约束。然而在高校大学生中都存在这样的想法：不谈恋爱被视为不正常行为。所以，很多大学生把谈恋爱作为一种荣耀，每天出双入对，携手漫步校园，上课、吃饭、自习形影不离，行为上不遮掩。据相关调查资料显示，愿意对周围的人公开恋情的大学生比例为 93.2%，愿意在校园里各种环境下有亲昵行为的：教室 23.7%、食堂 68.6%、校园绿地 86.2%。

4. 恋爱速度闪电。恋爱对于大学生就如同一种时尚，已经成为大学生活所必需的。有人说恋爱是无聊、空乏的大学生活中的相互安慰；有人说是相互玩弄；还有人说这是为了做进入社会生活的准备。无论怎么说，当代大学生的恋爱呈现出的状态是：翻手为云覆手为雨，大家都不需要天长地久，也不需要太多的磨合与了解，直奔主题，然后迅速厌倦，闪电分手。这与其说是闪电化的爱情，倒不如应该说是对情爱与性爱的简单化、快餐化。

（二）对大学生恋爱的建议

人的恋爱观由爱情价值观、爱情道德观和性心理组成，这三者相互作用、相互影响，形成了人们对爱情乃至人生的看法。可以说：恋爱在很大程度上改变着一个人的思想、心理和行为。恋爱越健康，积极的改变就越多，反之，这种改变也可能是消极的。正如一个学者指出的："对青年来说，恋爱更多的是一种涉及生活全貌和人格整体的事情。如果说一个人进入青年期以后，在人格、生活态度以及人生观上发生了很大变化，那么导致这种变化的最大因素，大概莫过于恋爱的影响了。"

1. 培养正确的恋爱观。处于青春期的大学生，身心发育尚不成熟，在这一问题上自然会表现出各种各样的迷茫、困惑、不知所措，完全要求他们正确处理恋爱中的各种问题是不现实的。加强对大学生的婚恋观教育，教育者必须转变观念，解放思想，把大学生婚恋观教育作为思想品德课的重要内容，并贯穿于思想政治教育的过程中。在这方面，可以借鉴世界其他国家成功的做法，把性生理知识、性心理知识、性健康保健知识、婚恋道德有机统一起来，共同纳入思想政治教育课程，运用多种方式开展教育。

也可以开设必要的讲座、心理咨询、热线电话、辅修课程等形式开展教育，加强教育的针对性，最大限度地使教育贴近生活、贴近实际、贴近学生思想，回答学生需要解决的问题。另外，可充分利用互联网优势，设立网站。互联网对大学生的影响超过以往任何传播方式，特别是当前网恋问题已经提上思想政治教育的日程，高校更需要占领网上阵地，加强正面教育。

2. 正确认识和处理恋爱和学业的关系。明确坚持学业第一的观点，要使大学生理解，今天的学习与未来的事业息息相关，也是爱情美满的基础。那种抛开学业谈恋爱的做法，不仅有碍成就事业，也难以获得幸福的爱情，因此不仅是愚蠢的，也是可悲的。帮助大学生树立崇高的理想，变“儿女情长”为胸怀大志，用理想的感召力焕发学习的激情，把兴奋中心转移到学习上，把时间和精力投放到学习上，从而真正把学习放在第一位，爱情服从学业，爱情促进学习。

3. 正确应对恋爱挫折。大学生的恋爱受多种因素的制约，因而在追求爱情的过程中遇到各种波折在所难免，如单相思、爱情错觉、失恋等等。恋爱心理挫折对大学生的心理承受能力是一种考验，如果承受能力较强，就能较好地应对挫折，否则就有可能造成不良后果。2010 年 3 月，上海一失恋女大学生将牛奶和“营养快线”饮料注入自己静脉。2010 年 3 月，深圳某学院建工系学生赵某因失恋跳楼身亡。2012 年 3 月，广东佛山一名 19 岁的女大学生小桐（化名）因失恋导致抑郁而割腕自杀。诸如此类事件屡见不鲜。因此，提高恋爱挫折承受能力对大学生的心理健康是非常重要的。当爱情受挫后，要用理智来驾驭感情，分析原因，总结经验教训，寻找解决问题的方法和途径，在新的追求中确认和实现自己的价值，从而提高自己的心理承受能力和思想水平。通过适当的情绪调节、宣泄和转移来减轻痛苦。

【参考文献】

侯小桢、潘慧．大学生恋爱观案例探析．科技信息，2013（3）：108—109.

第七节　校外住宿安全

越来越多的大学生在上学期间选择租住在校外，而摒弃校内宿舍。我们在关注到这一现象的同时，也应当探究其内在原因以及安全保障方法。接下来从三个方面来进行分析。

一、大学生外宿的原因

1. 校内住宿不自由。国内的高校现如今管理越来越严格，有些高校实施了“定时关门开门”以及“晚归登记”等制度，超过 23:00 进宿舍需要出示学生证等。这些措施让成长期的大学生或多或少地会感受到一些“限制”和“不自由”。大学生在离开了高中生活的束缚和家长的盯梢管理后，有了更自由的空间和思想，认为到了大学，就应该拥有不受管理的生活场所，另外，随着年龄的增长和身心的发展，有不少学生在踏入大学校门之后便开始关注个人的“感情生活”，找男女朋友几乎是大部分大学生的目标，加之如今社会思想越来越开放，更多的情侣愿意有自己私密的空间去谈情说爱而避免在校内遇到领导、老师时产生的尴尬境况。基于这些心理和情感上的原因，不少大学生尤其是情侣大学生，更愿意选择校外住宿。

2. 生活习惯不同。如今的高校，本科生宿舍大多是四人间、六人间，少数情况是两人间或者是八人间。在四人间和六人间的宿舍中，我们了解到，大部分宿舍是来自不同城市、不同省份的学生，有些学校甚至还将不同专业的学生编排在同一间宿舍。这样一方面可以增加学生们之间的沟通，丰富话题，另一方面，也可能造成学生的生活不适应。有的学生在宿舍生活了一段时间之后，发现与舍友志不同道不合，说半句话都嫌多。有的学生有早睡的习惯，有的需要晚睡，有的要早起晨读，有的要晚起，有的不注意生活细节，生活行为不检点。这些情况都会影响到其他要求不同的学生互相产生排斥心理，严重的会导致关系破裂，甚至有某些过激行为，造成不良后果。所以，出于这样的原因，部分学生选择外宿。

案例 1：石某，男，贵州某学校 2007 级中文系的在校大学生，平时好面子，喜欢看暴力电影。2008 年 5 月 11 日，石某在酒吧饮酒后，由于个人习惯的不同，与同寝室的张某、韩某发生争执，为了面子，邀同乡到广场对张某、韩某进行砍杀，经鉴定，张某被砍断右食指，全身 17 处刀伤，韩某左眼被砍瞎，全身 20 处刀伤。同年 5 月 30 日，石某主动投案自首，被人民法院判刑 7 年。

案例 2：某宿舍 4 名女生之中有一人是学生干部，工作能力强，人缘很好，学习成绩一般，另有一名学生成绩优异，但人际关系处理能力较弱，性格安静内向。大四上学期，成绩优秀的学生先找到工作，作为学生干部的那位女生就跟别人说她运气好，要不也不可能比自己先找到工作。不久，成绩优秀的学生到办公室反映那位学生干部带男朋友回宿舍，影响到她的正常生活，但自己很难开口制止。后来管理人员出面制止了带男友回宿舍的行为，但从此这两名女生矛盾激发，关系变得僵硬，宿舍关系恶化。

案例 3：某宿舍一名女生反映自己的洗面奶和沐浴露最近总是莫名其妙的就少了很多，护肤霜没用多久就没了，她怀疑是有人偷偷用她的东西，所以现在将个人用品锁在柜子里。可是她后来发现锁在柜子里的东西也是用得很快，于是怀疑有人打开了她的柜子偷偷用她的个人用品。这件事情也让其他三个室友绷紧了神经，不久其他室友也开始投诉，要么是自己的洗发水突然少了，要么是发现自己的日记本被人动过，宿舍矛盾开始泛化，并引发各种猜测，其中一名宿舍成员无法忍受这种猜忌的氛围，搬离宿舍。

以上三个案例都是室友间的生活习惯不同或相互猜疑导致的问题。后面两个案例是女生之间经常发生的状况，心生妒忌怨念，导致不必要的错误行为和想法。这时分开住宿也许是一种办法，但是我们更应该从根源上解决这样的问题，帮助学生避免这样的矛盾产生。对此，学校可以多次进行思想教育，教师多给学生引入正能量的案例，激发学生团结友好。

3. 学习条件不利。某些学生一心为学习，尤其是在大三和大四阶段，有学生需要准备复习考研，需要安静的学习环境，而宿舍环境多半是吵闹的，舍友在一起免不了要聊天，有时还要“卧谈”，这就会对需要学习的学生造成困扰，这部分学生需要严格规律的作息时间，如果被扰乱，则会导致学习效率下降、心神不宁、烦躁焦虑。所以不少需要安静环境来学习的学生，会选择外宿以避免不必要的矛盾产生。

4. 客观困难。这种情况是少数，但也存在。例如有些学生身体不好，在校内住宿不能得到良好的照顾，需要有家人在身边照顾。有的学生需要接送上课，这样在校内宿舍就不是很方便。所以这种情况属于客观困难，是需要外宿的，但这种情况一般都有学生家长的陪宿，不会造成太多的顾虑和安全隐患。

二、校外住宿对大学生的影响

校外住宿对大学生的身心和发展或多或少的会有些影响。我们从以下三个方面进行探讨。

1. 团队意识淡薄。培养大学生的团队意识是现今高校格外重视的一项内容，团队意识对于大学生的身心发展和毕业后的踏入社会，都有着强大的作用和推动力。社会上评价一个人是否高情商的一项标准就是考验这个人的团队意识，而现在的大学生却更多的是在关注自己，以己为利，特别是一些外宿学生。

住在校外，势必会与学校内部环境减少关联，无论是与同学或是校内活动，都会逐渐产生距离。住在校外的学生一般有自己的交际圈，而这个交际圈是基本不可能与校内同学重合的。所以长期如此，就会显得学生脱离了本应该存在的生活学习团队。这样不仅会疏远学生之间的友谊，也会淡化外宿生的团队意识。

2. 纪律性较差。住在校外，就免于了校内的时时管理，自由度增大，加上大学时期课程有时不像中学时那么紧张，有的老师不在乎学生考勤情况，致使部分外宿学生忽视学校纪律，甚至出现长期旷课等情况。有些长期旷课的学生在被老师发现进行教育时，不配合老师的工作，不能悉心听取老师的教诲，反而出现极端行为。

3. 人身安全隐患。脱离了学校的统一管理，独自或两三人合住在校外，除了自由度增大之外，还应该考虑到人身安全问题。

案例：5 名在京实习医大学生煤气中毒身亡。某日早上 7 时许，朝阳区樱花园东街一栋居民楼内，5 名年轻男子被发现“躺在房内，一动不动”。报警后，5 人被送往医院，但均抢救无效身亡。据了解，5 人系哈尔滨医科大学（大庆）学生，事发出租屋内，卫生间里安装了燃气热水器。初步判断为一氧化碳中毒死亡。

还有不少外宿学生的财产安全令人担忧。不少外宿学生会选择学校附近的城中村或当地人自己盖的房子入住，这些房间没有统一的管理，有些楼房或小区任何人都可以随意出入，楼梯间没有安装摄像头，难免有人会乘虚而入实施盗窃等犯罪行为。

三、如何保障校外住宿的安全

基于以上种种情况的频繁发生，高校教育管理者需要格外关注到这样的问题，就是在消除学生的人身安全隐患的同时，又能够满足学生的心理需求，给他们创造出良好的生活、学习环境。我们建议如下：

1. 管理多元化。对于大学生的生活情况管理，可以采用多元化手段，而非单一的统一管理，可以有针对性地制定管理制度。例如对一些有特别要求、特殊生活习惯的学生，可以安排在校内特殊条件的宿舍，并进行针对性管理。在不出学校的前提下，尽可能最大限度地满足学生的个性化要求。学生可以在开学入宿登记时提出个别要求，经过学校相关部门的批准，可以安排在不同的宿舍。对于大多数学生，学校可以将宿舍修缮得更加温馨，而不是冷冰冰的白墙和铁架子床。学生在学校找到了归属感，就会愿意住在学校，在学校生活，也就把学校当成了自己的家，就会理所当然地去热爱它。

2. 教育人性化。高校离不开教育，教育离不开老师。要避免学生外宿问题，一方面除了学校的硬件设施要让学生有归属感，另一方面还要求教师从思想上疏导学生。要向有外宿意向的学生讲清楚内宿和外宿的利弊关系，让学生从思想上提高觉悟。也要以学生为本，注重倾听，让学生提出要求，说出心里话，再尽量帮助学生去解决问题。这样一来，学生能够感受到教师对自己生活的关心，才会愿意将自己的大学生活与校园进行绑定，也就会避免不必要的外宿情况产生。

【参考文献】

1. 卢垚 . 女大学生宿舍关系问题实例解析 . 科教导刊（上旬刊），2010 年第 5 期 .

2. 杨进忠 . 论大学生外宿现象 . 长江大学学报（社会科学版），2008 年第 5 期 .

第五章　当代大学生突发公共事件安全教育

突发公共事件又称公共危机事件（crises events）、紧急情况或重大灾难等。公共危机、公共危机管理与人类社会的发展进步始终相伴随，并已成为一种社会生态规则。现代社会是高风险的社会，转型期的中国社会是一个突发公共事件较多的国家。近年来，我国许多高校相继发生了一系列内部突发公共事件或者高校大学生卷入社会突发公共事件，严重影响了高校的正常秩序，给师生的生命财产安全造成了重大危害，更有甚者蔓延到校外，引发一系列社会和稳定问题。因此，突发公共事件管理日益成为高校日常管理和管理创新的重要内容。作为大学生和高校管理者，必须了解和掌握高校突发公共事件的基本内涵、基本特征及其分级分类，特别要掌握常见的高校突发公共事件及其安全影响，做到事前能预见预防、事中能应急处置、事后能恢复补救。

第一节　大型活动安全事件的防范与应对

一、大型活动的特点

大型活动是有目的、有计划、有步骤地组织众多人员参与的社会协调活动，它主要具有以下特点。

（一）人员数量较大

大型活动往往是有组织、有计划、有领导的集体活动，就高校内部而言，参加活动超过 200 人的公共活动一般就可视为大型活动。

（二）集中在有限的空间

在多数情况下，大型活动是在一定区域内举行的。众多参与者集中在有限范围内，一旦发生意外，人员混乱拥挤，疏散不便，秩序难以控制，对人们的人身安全就会形成较大威胁，严重的还会造成群体死伤事故。

（三）人员结构复杂

大型活动的参加者众多，且陌生人较多。如有摩擦，一旦矛盾激化升级或个别人寻衅滋事，就有可能引起群体纠纷、殴斗、骚乱等治安事件。

二、大型活动安全事件发生的原因

大型活动安全事件是社会安全事件中的一种，其中最容易发生的是踩踏事件。踩踏事件主要发生在空间有限而人群又相对集中的场所，如球场、商场、街道、室内通道或楼梯、影院、酒吧、夜总会、举办宗教朝圣仪式处、彩票销售点以及超载的车辆和航行的轮船等。人群的情绪如果因为某种原因而变得过于激动，置身其中的人就有可能受到伤害。踩踏事件是大学生最容易遇到的大型活动安全事件。因此，在这里我们主要对大型活动安全事件中踩踏事件发生的原因进行分析。

踩踏事件发生的原因主要有以下几点：

第一，前面有人摔倒但后面的人没有止步，从而造成踩踏事件。

第二，当人群中产生愤怒或者激动的情绪时，失去理智的人们可能互相拥挤进而导致踩踏事件的发生。

第三，人群由于受到惊吓而惊慌失措，大家在逃生中互相拥挤，发生踩踏。

案例1：2013年6月20日，中超联赛形象大使贝克汉姆来到同济大学，随后前往操场，准备与同济大学校队和申鑫青年队互动。此时，数千名球迷已经将操场围得水泄不通。而能够进入操场的，只有一扇铁门。在小贝艰难挤进铁门之后，安保人员试图关门，将球迷拦在外边。但人群一拥而上，通过了铁门。由于通过铁门后有个斜坡，加之后边人群不断向前冲，安保人员在试图阻拦时几个人被推倒，发生踩踏事件，造成至少5人受伤。有记者看到，有几个年轻女子在现场哭泣，鞋掉了。有一个中年男性，看样子是有些头晕，瘫坐在操场上。

案例2：2014年12月31日23时35分许，正值跨年夜活动，因很多游客市民聚集在上海外滩迎接新年，黄浦区外滩陈毅广场进入和退出的人流对冲，致使有人摔倒，发生踩踏事件。

截至2015年1月23日11点，事件造成36人死亡，49人受伤，已有47人经诊治后出院，2名重伤员继续住院治疗，其中1名生命体征还不平稳。

2015年1月21日，上海市公布12·31外滩拥挤踩踏事件调查报告，认定这是一起对群众性活动预防准备不足、现场管理不力、应对处置不当而引发的拥挤踩踏并造成重大伤亡和严重后果的公共安全责任事件。黄浦区政府和相关部门对这起事件负有不可推卸的责任。调查报告建议，对包括黄浦区区委书记周伟、黄浦区区长彭崧在内的11名党政干部给予处分。

三、大型活动安全事件发生的防范

高校的大型群体活动较多，对活动场所进行安全控制及紧急情况下疏散人员的任务很重，尽管学校采取了一定的安全措施，但一些突然发生的事件还是可能给师生员工的生命安全带来威胁。另外，大学生还会去校外公共场所参加活动。因此，了解一些大型活动事件的防范知识是十分必要的。具体来说，大学生应该做到以下几点：

第一，参加大型集体活动时尽量穿平底系带的鞋，以利于安全疏散。

第二，进入场地前先了解安全通道和应急出口的位置，以便发生危险时容易脱险。

第三，尽量避开高峰时段入场。

第四，不要携带易燃、易爆、管制器具等危险物品或大型包裹进入活动现场，要主动配合活动现场的安全检查。

第五，保持平稳的心态，不恶语伤人，不讲粗话、要文雅，互相尊重，不盛气凌人，避免与他人发生矛盾。

第六，参加具有对抗性质的大型活动时，要注意保持情绪平稳，避免偏激的言行。对所参加的活动要有所甄别，要谨慎参加社会上举办的大型活动。

第七，发生矛盾时要自我克制，无论争执起因为何，都要保持冷静，认真听取他人意见，进行自我批评，宽容他人的过失。

四、大型活动安全事件发生的应对

当发生大型活动安全事件时，大学生可以从以下几方面来应对：

第一，当身不由已陷入混乱的人群中，或置身于拥挤的场所面对惊慌失措的人群时，一定要保持冷静，要远离店铺或柜台的玻璃，防止被扎伤，要双脚站稳，如果条件具备，可以抓住身边牢固的物品。

第二，如果在行进过程中，发现慌乱的人群向自己的方向拥过来，应快速躲闪到一旁，等人群过去后再离开。如果身不由己被人群拥着前进，就要用一只手紧握另一只手的手腕，双肘撑开平放于胸前，微微向前弯腰，形成一定的空间，保证呼吸顺畅，以免拥挤时窒息晕倒，同时护好双脚，以免脚趾被踩伤。在拥挤人流中要尽量"溜边"。

第三，如果自己被人推倒在地，一定不要惊慌，要设法让身体靠近墙根或其他支撑物，把身子蜷缩成球状，双手紧扣置于颈后，这样虽然手臂、背部和双腿会受伤，但可以保护更重要的身体部位和器官。

第四，在有空间局限的场所，如影院、球场、商场、彩票销售点和车船上遇到突发情况时，个人应听从组织者的安排，在组织者的疏导下有序撤离，做到互相谦让，特别是应让老人、妇女和儿童首先撤离到安全的地方。

第五，如果发生拥挤踩踏事件，应及时联系外援（如拨打报警或急救电话等），寻求帮助。

第二节　公共卫生事件的防范与应对

公共卫生事件是指突然发生，造成或者可能造成社会公众健康严重损害的重大传染病疫情、群体性不明原因疾病、重大食物和职业中毒以及其他严重影响公众健康的事件。根据突发公共卫生事件性质、危害程度、涉及范围，突发公共卫生事件分为特别重大（Ⅰ级）、重大（Ⅱ级）、较大（Ⅲ级）和一般（Ⅳ级）四级。

一、公共卫生事件的特点

公共卫生事件主要具有以下几个特点。

（一）成因的多样性

公共卫生事件的成因是多种多样的，概括起来包括主要包括以下几种：

1. 各种烈性传染病。例如非典、H1N1、手足口病等。

2. 自然灾害。许多公共卫生事件与自然灾害有关，比如地震、水灾、火灾等，如果处理不当，就会引起公共卫生事件。

3. 事故灾害。公共卫生事件与事故灾害也密切相关，比如环境污染、生态破坏、交通事故等。

4. 社会安全事件。社会安全事件也是形成公共卫生事件的一个重要原因，如生物恐怖等。

此外，公共卫生事件的成因还有动物疫情，致病微生物、药品危险、食物中毒、职业危害等。

（二）分布的差异性

公共卫生事件分布的差异性主要体现在时间、空间和人群三个方面。在时间方面，不同的季节，传染病的发病率也会不同，比如 SARS 往往发生在冬、春季节，肠道传染病则多发生在夏季。在空间方面，主要表现为传染病的分布区域有所差别，例如有些传染病在某些地区会出现高发趋势，而在某些地区则不易发生。在人群方面，主要表现为不同的传染病，易患病人群不同，例如手足口病，主要发生在儿童的身上。

（三）传播的广泛性

随着全球化的加快，人与人、国家与国家之间的交往越来越密切，这种交往为疾病的传播提供了方便。某一种疾病可以通过现代交通工具跨国流动，一旦造成传播，就会成为全球性的传播。另外，传染病一旦具备了三个基流通环节，即传染源、传播途径以及易感人群，它就可能在毫无国界的情况下广泛传播，从而成为公共卫生事件。

（四）治理的综合性

公共卫生事件的治理需要四个方面的结合，第一是技术层面和价值层面的结合，不但要有一定的先进技术还要有一定人员、经费和设施的投入；第二是直接的任务和间接的任务相结合，它既是直接的愿望也是间接的社会任务，所以要结合起来；第三是责任部门和其他的部门结合起来；第四是国际和国内结合起来。只有通过综合的治理，才能使公共事件得到很好的治理。另外，在解决治理公共卫生事件时，还要注意解决一些深层次的问题，比如社会体制、机制的问题，工作效能问题以及人群素质的问题，所以要通过综合性的治理来解决公共卫生事件。处理公共卫生事件的有关部门一定要掌握这样一些特点。

（五）危害的复杂性

重大的公共卫生事件不但对人的健康有影响，而且对环境、经济乃至政治都有很大的影响。比如 2003 年发生在我国的 SARS 对我们国家和我国的经济就产生了一定的影响。再如，一些核泄漏事故会改变整个泄漏地区的自然环境和社会环境。

二、公共卫生事件的防范

大学生可以通过以下措施来预防公共卫生事件：

第一，平时加强体育锻炼，避免过度劳累，做到不吸烟、勤洗手、注意个人卫生等。

第二，注意保持室内清洁、空气流通，注意饮食卫生，养成良好的卫生习惯。

第三，了解相关的知识，提高防范意识。

三、公共卫生事件的应对

第一，在突发公共卫生事件发生时，要妥善应对，尽可能全面了解有关的信息，做到心中有数。可以通过网络、报纸以及学校发放的宣传资料来了解某些疾病可能的传播途径、最典型的特征、基本的预防方法、遇到感染者该如何处理、在什么情况下该怎么做等，从而最大限度地保证自己的安全。

第二，如果出现传染性疾病，自己要注意远离传染源，尽量避免在商场、影剧院等通风不畅和人员密集的地方长时间停留。

第三，在自己周围发生突发公共卫生事件后，应保持积极的心态，充分发挥自己的主观能动性，不要恐慌，要保持情绪稳定，积极配合，冷静面对。

第三节　群体性突发事件的防范与应对

所谓群体性突发事件，就是指突然发生的，有多人参与的，以满足某种需要为目的，使用扩大事态、加剧冲突、滥施暴力等手段，扰乱、破坏或直接威胁社会秩序，危害公共安全，应予立即处置的群体性事件。突发性群体事件由于采取集结力量的态势，这种矛盾的发生对社会影响面大，冲击力强，而且处理难度系数大、遗留的问题多，不仅会直接导致社会经济生活的重大损失，而且还会对社会的稳定发展产生危害。在高校中，由于人员密集，容易发生群体性突发事件，因此大学生应该对群体性突发事件有所了解，掌握一定的防范与应对知识。

一、大学生群体性突发事件的种类和范围

（一）大学生群体性突发事件的种类

1. 自然型群体性突发事件。所谓自然型群体性突发事件，是指客观自然条件或非人为因素引发的群体性突发事件。

2. 社会型群体性突发事件。所谓社会型群体性突发事件，是指外在的人为因素和社会条件引发的群体性突发事件。

3. 内部产生型突发事件。内部产生型突发事件指的是由于学校内部的管理、教学和改革等引发的群体性突发事件，包括食堂卫生问题、收费问题、宿舍调整等引起的群体性突发事件。

4. 外部传入型突发事件。外部传入型突发事件指由学校外来因素的侵入、传播而诱发的群体性突发事件，包括网络犯罪、有害信息传播、“黑客”等引起的群体性突发事件。

（二）大学生群体性突发事件的范围

1. 群体性突发政治事件。包括邪教组织和敌对势力策划的非法聚集、反动宣传、策反等活动；在校园举行的传教活动；非法集会，游行示威活动；未经批准的较大规模的学生群体性活动等。

2. 群体性突发治安事件。包括涉及学生的严重暴力犯罪案件；大规模群殴以及学生意外死亡、自杀、出走等治安事件；火灾、交通事故、失窃、食物中毒等安全事故。

3. 群体性突发聚众事件。包括由于内部原因和社会因素引发的学生群体性上访、罢课、聚众闹事等。

4. 群体性突发校园网络事件。包括学生利用校园网发送不良信息（包括手机信息），散布不满情绪，进行反动、色情、迷信宣传活动；窃取他人和学校保密信息，可能造成严重后果的事故；各种破坏校园网络安全运行的事件等。

5. 群体性突发常规管理事件。包括群体性违纪事件，如群体性的迟到、夜不归宿、集体违规聚餐，或是集体缺课等。

6. 群体性突发自然灾害事件。包括地震、水灾等可能造成学生群死群伤，影响学生正常学习和生活的自然灾害。

二、大学生群体性突发事件的特点

（一）事件发生的突然性

大学生群体性事件的发生在时空上往往是难以预测的，在事先没有任何征兆下突然发生，表现为猝不及防。比如某高校学生在食堂吃午餐时发生食物中毒现象，在校园内引起恐慌，导致学生集体罢餐。又如某高校突然大面积断电，给学校师生带来学习和生活的不便，使部分学生起哄骚动。

（二）组织行为的盲从性

大学生们具有特有的政治敏锐性、高度的社会责任感、嫉恶如仇的正义感和争强好胜的上进心，具有敢想、敢干、求真的精神。但这个群体又体现出年龄较轻涉世不深，判断是非的能力欠缺，观点容易片面，情绪容易偏激，行为容易冲动，自我控制能力较弱，对国情、社情、校情和敌情缺乏客观了解的特点，一旦发生事件，在从众心理的支配下，容易卷入事端，且带有一定的盲从性。

（三）群体行为的过激性

大学生群体性突发事件有着过激化的趋势，部分学生在事件发生后，不考虑行为后果，出现乱扔、乱砸、乱骂等不文明现象，甚至极少数学生恣意妄为，组织骚乱，给社会带来不安定因素，破坏学校正常的教学秩序。同时，过激性的群体性行为不易控制，大学生群体性事件涉及的群体特殊，对社会的影响较大，过激性的群体性行为损害大学生的形象，也给学校带来消极影响。

（四）造成后果的危害性

高校的一些群体性突发事件不仅影响高校正常的教学工作和生活秩序，也给社会稳定，给党和政府的声誉造成不良影响。尤其是那些因国内外重大政治问题和涉外事件引发的一个学校、一个城市的群体性事件，极易诱发成为地区性甚至全国性学潮的“导火索”，成为国内外敌对势力攻击我国的政治武器。

（五）事件处理的复杂性

高校发生的群体性突发事件，绝大多数是由人民内部矛盾引发的。但一些大学生要求的合理性又同反映形式的违法性交织在一起，增加了解决矛盾的难度。另外，一些大学生的要求是应予解决的，但法律和政策没有明确规定或规定不够完善，也加大了处置这些事件的难度，还有一些是历史遗留问题和新的问题叠加在一起，如在学籍处理方面，新旧制度规定的不连续性，给受学籍处理的学生带来不满情绪。同时，由于参与人数众多，学生思想上存在“法不责众”、“社会对大学生包容”和客观上形成的小闹小解决、大闹大解决、不闹不解决的心理，以及一些大学生对行为合理性存在认识上的偏差，给群体性突发事件的处置带来不小的困难。

三、大学生群体性突发事件产生的原因

目前我国正处于社会转型时期，社会中还存在着这样或那样的矛盾，而且有些矛盾还比较尖锐和普遍。如果这些矛盾没有得到合理的解决或缓解，就很容易导致群体性突发事件的发生。对于高校来说，群体性突发事件产生的原因主要包括以下几个方面。

（一）国际国内形势的变化和敌对势力的渗透与破坏

当代大学生思想活跃，思维敏锐，胸怀远大理想，勇于自立自强，乐于接受新生事物，关心改革开放和社会主义市场经济建设，关心国际政治，关心国际国内的热点问题，尤其是涉及祖国利益和民族情结的问题，都有可能成为引发大学生静坐、示威、游行等的导火线，从而导致群体性突发事件的产生，另外，大学生由于涉世不深，容易被敌对势力所迷惑。长期以来，西方敌对势力始终没有改变对我国实施“和平演变”的战略，他们的反华渗透不断加剧，在新疆问题、西藏问题、台湾问题和人权问题上不断制造麻烦。他们利用互联网这一现代工具，在网上进行反动宣传，利用改革开放出现的一些问题，煽动大学生闹事，制造社会动乱，从而引发群体性事件。

（二）高校毕业生就业压力增大

随着教育体制改革的深入，国家对毕业生实行“双向选择，自主择业”的就业制度，高校毕业生就业难的问题越来越突出，毕业生供求严重失衡，毕业生对自己的就业期望值偏高、不切实际，当临近毕业时，由于就业的理想与现实发生较大偏差时，就会引起大学毕业生心理的不平衡，加之部分毕业生未能达到毕业条件，拿不到毕业证而被用人单位拒绝。这种情况下的毕业生情绪很容易激化，如果受到煽动或其他因素的诱发，就很可能导致群体性突发事件。

（三）触及了大学生的个人利益

随着高校体制改革的深入，学校合并、院系重组、宿舍调整、校区搬

迁、后勤社会化等，都可能触及某些大学生的个人利益，从而使大学生产生不满情绪，如果这种情绪得不到合理的解决，就会导致群体性突发事件的产生。

（四）学校管理工作不到位

随着高校办学规模的不断扩大，学生人数迅速增加，而学校教学、管理、后勤等服务又没有同步发展，致使教室、食堂、阅览室、学生宿舍以及水电供应等必备条件严重超负荷，加之后勤管理工作不力，断电停水现象时有发生。如果这些问题处理不妥或不及时，容易引发学生罢餐、罢课等群体性突发事件。学校在管理工作上存在一些官僚主义作风，沟通信息不畅，对学生的一些正当要求未能及时处理，也容易引发学生群体性突发事件。

案例：河北廊坊东方职业技术学院打砸食堂事件

2013 年 10 月 24 日，河北廊坊某职业技术学院 3 000 名学生罢课，抗议学校封闭管理、出售高价饭菜、不许从外面订饭、热水收费等政策。愤怒的学生砸烂学校的大门和食堂的坐椅，校内一片狼藉。最终校方被迫妥协。

四、大学生群体性突发事件的防范

大学生群体性突发事件的预防工作是一项社会性的综合防治工作，要消除或控制大学生群体突发事件引发的原因，从宏观上来说必须在党和政府的领导下，动员全社会各方面的力量，运用政治的、经济的、文化的、法律的、行政的等综合措施，积极推行社会治安综合治理和社会主义荣辱观教育。

（一）加强思想政治教育，提高大学生分辨是非的能力

要加强思想政治教育，让广大学生树立起正确的人生观、价值观和世界观，要了解社会，对信息进行分辨，自觉抵制不良信息的干扰。在高校党委、行政和各部门的引导下，要让大学生懂得遵守相关纪律的重要性，要与敌对势力作斗争。

（二）确保师生之间的信息沟通渠道畅通

大学生群体性突发事件的发生大多数与信息沟通渠道不畅通有关，针对这种情况，要建立健全信息沟通体系，形成纵横交错、上下贯通、高效工作、灵敏畅通的信息网络，所有的舆情信息报送工作落实到各院系、部处，深入到各专业、班级，确保师生信息渠道的畅通。对各类群体性突发

事件的苗头，要发现一起，立即调查处理一起，做到超前防范，超前处置，对紧急重要信息必须及时层层汇报，不得拖延，并采取有效措施，做好信息的收集和反馈工作，对所获取的情报信息要进行综合分析。

（三）解决利益矛盾，做好宣传教育工作

学校在每项重大改革举措正式出台之前，应预先向师生做好宣传解释工作，让广大师生懂得为什么要进行改革，改革中可能会出现哪些“阵痛”，坦率地向大学生提供全面真实的情况，使大学生认识到改革是自己的事，并作好充分的心理准备，同时，引导师生正确处理眼前与长远利益、个人与集体利益、局部与整体利益的关系，提高师生政治觉悟。

（四）加强高校的内部管理

高校内部管理是一个系统工程，它包括教学、科研、后勤、治安保卫、学生管理等方面，而各个方面的管理都是这个系统工程中的重要一环，不论哪个环节出现问题，都有可能会成为大学生群体性突发事件的“导火线”。例如，不规范办培训班问题引发学生集体上访；个别学生在社会上受到不法侵害后，因处理不当或不及时，大批学生涌向公安保卫部门索讨“凶手”；因食堂饭菜质量差，工作人员服务态度不好等，也会引发学生罢餐、罢课等群体性突发事件。因此，加强高校内部管理，可以在最大限度上消除群体性突发事件的各种诱发因素。

五、大学生群体性突发事件的应对

当发生大学生群体性突发事件时，要做到以下几点：

第一，要坚持宜解不宜结，宜散不宜聚的原则，按照“统一思想，认清形势，提高警惕。全面布置，各负其责，逐项落实，齐心协力，确保稳定”的总体要求，做到思想不麻痹，工作不松懈，处理不手软，时刻把学生的安全与稳定工作放在心上，抓在手上，落实在行动上。

第二，事件爆发后，要沉着冷静，大学生要及时向班主任、辅导员反映，班主任或辅导员应第一时间赶赴现场，并立即向学校有关部门和相关校院领导汇报。及时了解事态的发展情况，及时处理，切忌遇事惊慌失措、不知所措，问题应在理智和法律的范围内处置。

第三，正确引导。群体性突发事件中最活跃的因素是参与事件的人，参与的行为人大都具有可引导的特征。实施控制的主体应根据事件的不同性质和事件发生的不同程度，依据有关法律规定，及时消除矛盾，正确引

导群众，通过各种途径解决问题，避免事态的恶化。

第四，要亲临事件现场做工作。校院领导和有关的负责人要做到不回避、敢于正视存在的矛盾，为问题的解决提供良好的氛围，使大学生体会到解决问题的诚意和决心。

第五，加强宣传教育工作。充分利用各种宣传工具，开展思想政治教育和法制宣传，教育大学生遵纪守法。

第六，突出重点、化解矛盾。抓住能够影响、左右事件的关键人物，通过这些人的转化防止事件发展的扩大、恶化，使这些人能对其他参与者产生正确引导作用。

第七，事件平息后，做好思想稳定工作，使事件参与者真正认识到自己的不良行为及其危害性，防止思想波动，出现反复。同时，要千方百计尽快恢复正常学习、工作和生活秩序，消除事件所带来的一切不良后果。

第八，要坚决清理及收缴群体性突发事件中使用的一切械具和武器。在做好自清自缴的基础上，对一些拒不上缴的人，应采取强制措施收缴。坚决打击违法犯罪分子。在必要时，及时准确地公布事件的经过和真相，并严肃处理违法犯罪分子，以消除谣言，根除逆反心理以安定人心。

第四节　恐怖袭击的防范与应对

恐怖袭击是极端分子人为制造的、不符合国际道义的攻击方式。恐怖袭击从20世纪90年代以来，有在全球范围内迅速蔓延的严峻趋势。大学生需要了解恐怖袭击的相关知识。

一、恐怖袭击的手段

恐怖袭击的手段有很多种，大体上可分为常规手段和非常规手段。

（一）常规手段

1. 爆炸。炸弹爆炸、汽车炸弹爆炸、自杀性人体炸弹爆炸等。
2. 器械。枪支、各制式刀具等。
3. 劫持。劫持人、车、船、飞机等。
4. 纵火。

案例：2014年3月1日晚9时20分，8名统一着装的暴徒蒙面持刀在云南昆明火车站广场、售票厅等处砍杀无辜群众。截至2日6时，已造成29人死亡、130余人受伤。经调查，这是一起由新疆分裂势力一手策划组织的严重暴力恐怖事件。3月3日下午该案成功告破。现已查明，该案是以阿不都热依木·库尔班为首的暴力恐怖团伙所为。该团伙共有8人(6男2女)，现场被公安机关击毙4名、击伤抓获1名(女)，其余3名已落网。

（二）非常规手段

1. 核辐射恐怖袭击。通过核爆炸或放射性物质的散布，造成环境污染或使人受到辐射照射。

2. 化学恐怖袭击。利用有毒、有害化学物质侵害人、城市重要基础设施、食品与饮用水等。

3. 生物恐怖袭击。利用有害生物或有害生物产品侵害人、农作物和家畜等。

4. 网络恐怖袭击。利用网络散布恐怖袭击、组织恐怖活动、攻击电脑程序和信息系统等。

二、恐怖袭击的防范

（一）对爆炸的防范

当前，世界常见的爆炸恐怖活动的主要类型有炸弹（药）爆炸、汽车炸弹爆炸、人体炸弹爆炸、邮件（包）炸弹爆炸、定时炸弹爆炸、橡皮艇炸弹爆炸等。爆炸对人员造成伤害主要是通过空气冲击波和破片。冲击波能引起血管破裂致使皮下或内脏出血，内脏器官破裂，肌纤维撕裂，破坏中枢神经系统，伤害呼吸以及消化系统，震破耳膜等。此外，炸弹爆炸后，破坏周围建筑物，并形成高速飞散的破片。由于人类对破片撞击的耐受度是很低的，所以这些破片对人类具有巨大的杀伤作用。因此，大学生要对爆炸进行防范。

首先，大学生要对当前国内外的恐怖爆炸活动有所了解，对恐怖爆炸活动的发生发展状况及危害要有足够的认识，关注媒体中的相关报道，储备一些必要的安全常识和急救知识。

其次，在日常生活中，对某些异常情况要有足够的警惕。某一物品在不该出现的环境中出现，一般要引起注意，特别是在人员密集场所，如学校的阶梯教室、食堂、礼堂等。

最后，如果发现可疑物品，要将相关情况报告给有关部门。

（二）对投毒的防范

校园投毒多发生在食堂中，往往由食堂炊管人员心理问题引发：有的是嫉妒别人的食堂办得好；有的是一些炊管人员心理承受力差，采取投毒的方式报复领导。也发生过在校学生因成绩不好或对学校食堂伙食不满等原因而进行投毒的。

对于大学生来说，防范投毒可从以下几个方面着手进行：

首先，大学生应学会在法律和学校相关制度允许的范围内妥善处理与同学或其他人员之间的矛盾，以及对学校某些措施的意见，要学会换位思考，理性调整自己的心态，切不可采取过激行为。

其次，在与同学的交往中，对同学存在的缺点和问题，可善意地指出，建设性地给予帮助，绝不能妄加评判和嘲笑或孤立同学。

最后，对确实存在心理问题的同学，应将有关情况及时向学校有关部门反映，以便学校及时采取干预措施，避免问题扩大化。

（三）对绑架劫持的防范

绑架劫持是一种犯罪行为，对被害人非法实行暴力手段达到挟持人质的目的，通常会通过这种行为达到敲诈、勒索或者其他目的。

对于大学生来说，防范绑架劫持可从以下几个方面进行：

首先，网上聊天、交友时，不要轻易和网友约会见面。必须约会见面时，要邀请数人陪同，或者选择公共场所，不要到偏僻场所或者对方家里见面。

其次，夜晚时不要独自到偏僻场所。做家教要有警惕性，最好通过学校联系家教，对聘请家教的人员与家教环境要进行较为详细的了解，第一次赴约最好有同学陪同前往。

最后，不要轻易对外说自己的家庭环境和经济状况，防止成为犯罪分子的作案目标。

（四）对恐怖信件的防范

恐怖信件一般包括邮件（包）炸弹或生化病毒信件。邮件（包）炸弹通常是由恐怖分子用信件或包裹把炸弹或燃烧装置送入目标，制造爆炸。邮件（包）炸弹的破坏威力相对较小，其目的主要是伤害特定人员和引起人们精神层面的不安定。生化病毒信件与邮件（包）炸弹的原理基本一致，即将染有病毒的信件寄送给特定目标，意图通过感染特定目标，造成大范围人员的高度恐慌。

对于大学生来说，防范恐怖信件可从以下几个方面进行：

首先，在收到陌生或可疑邮件时，应仔细核对寄件人的姓名和地址以及邮政邮戳，对于邮寄地址及署名模糊的可疑邮件要有警惕性。

其次，对于可疑信件要尽量避免开启或剧烈晃动。用手指摸、对光照，但不要嗅、舔。

最后，在不能确定时，应立即报有关部门处理。

三、恐怖袭击的应对

（一）地铁爆炸的应对

在地铁中遭遇爆炸，可采取以下措施应对：

1. 迅速按下列车报警按钮，使司机在监视器上获取报警信号。

2. 列车在运行期间，不要有拉门、砸窗、跳车等危险行为。

3. 在隧道内疏散时，听从指挥，沉着冷静、紧张有序地通过车头或车尾疏散门进入隧道，向邻近车站撤离。

4. 寻找简易防护物，如衣服、纸巾等捂鼻，采用低姿势撤离。视线不清时手摸墙壁撤离。

5. 受到火灾威胁时，不要盲目跟随人流相互拥挤、乱冲乱摸，要注意朝明亮处、迎着新鲜空气跑。

6. 依靠车内的消防器材进行灭火。

7. 身上着火不要奔跑，可以就地打滚或用厚重衣物压灭。

8. 注意观察现场可疑人、可疑物，协助警方调查。

（二）娱乐场所、宾馆、饭店等发生爆炸的应对

在娱乐场所、宾馆、饭店等地方遭遇爆炸，可采取以下措施应对：

1. 迅速就近隐蔽或者卧倒，就近寻找简易遮挡物护住身体重要部位和器官。

2. 寻找、观察安全出口。严禁用打火机点火照明，以免形成再次爆炸或燃烧。服从工作人员和专门人员指挥。迅速有序撤离现场，避免出现踩踏等事件。

3. 迅速报警，客观详细地向警方描述事件发生、发展的经过。

4. 注意观察现场可疑人、可疑物，协助警方调查。

（三）大型体育场馆发生爆炸的应对

在大型体育场馆中遭遇爆炸，可采取以下措施应对：

1. 迅速有序地撤离爆炸现场，避免拥挤、踩踏造成伤亡。

2. 撤离时要注意观察场馆内的安全疏散指示和标志。

3. 场内观众要按照场内的疏散指示和标志从看台到疏散口再撤离到场馆外。场馆内部的工作人员以及运动员，应根据沿途的疏散指示和标志通过内部通道疏散。

4. 实施必要的自救和救助他人。

5. 拨打报警电话，客观详细地描述事件发生、发展的经过。

6. 注意观察现场可疑人、可疑物，协助警方调查。

（四）绑架劫持的应对

1. 被绑架时

（1）保持冷静，机智巧妙地与对方周旋，不要激怒对方，不轻易采取反抗行动，首先保证自身安全。

（2）尽可能了解自己所处的位置。如果在绑架后被转移，要根据被转移的方式、时间、速度、转弯的次数等，大致判断出自己所在的位置。

（3）利用犯罪嫌疑人准许与亲属通话的机会，巧妙地将自己所处的位置、现状以及犯罪嫌疑人的情况告诉亲属。

（4）采取自救时，一定要仔细观察，周密思考，选择好时机，在确保自身安全的情况下逃跑。逃脱后，要立即报警。

（5）如果遇到他人被绑架时，要立即报警，提供被绑架劫持人的年龄、体貌特征、随身携带物品、手机号码、车辆以及近期照片等。将案件发生前后遇到的可疑人、见到的可疑车辆、接到的可疑电话，犯罪嫌疑人与亲属的联系方式、电话号码、要求家属做的事情等方面的信息，及时提供给公安机关。报案时务必采取隐蔽方式，防止犯罪嫌疑人采取极端措施。

2. 被劫持时

（1）保持冷静，不要反抗。不对视，不对话，趴在地上，动作要缓慢。

（2）尽可能保留和隐藏自己的通信工具，及时把手机改为静音，适时用短信等方式向警方求救，最好能告知警方自己所在位置、人质人数以及恐怖分子的人数等。

（3）注意观察恐怖分子人数、头领，便于事后提供证言。

（4）在警方发起突击的瞬间，尽可能趴在地上，在警方掩护下撤离现场。

（五）化学恐怖袭击的应对

1. 判断是否遇到了化学恐怖袭击。一般化学恐怖袭击会出现以下现象：

（1）异常的气味。如大蒜味、辛辣味、苦杏仁味等。

（2）异常的现象。如大量昆虫死亡、异常的烟雾、植物的异常变化等。

（3）异常的感觉。一般情况下当人受到化学毒剂或化学毒物的侵害后，会出现不同程度的不适感觉，如恶心、胸闷、惊厥、皮疹等。

（4）异常的物品。现场出现异常物品，如遗弃的防毒面具，桶、罐，装有液体的塑料袋等。

2. 当判断遇到了化学恐怖袭击后，不要惊慌，尽快掩避。

3. 利用环境设施和随身携带的物品遮掩身体和口鼻，避免或减少毒物的侵袭和吸入。

4. 尽快寻找出口，迅速有序地离开污染源或污染区域，尽量逆风撤离。

5. 要及时报警，请求救助。

6. 要进行必要的自救互救。

7. 采取催吐、洗胃等方法，加快毒物的排出。

第六章 当代大学生自然灾害安全教育

除了学校的安全事故以及校外的意外事故，让我们同样能在生命安全方面受到威胁的就是各种自然灾害，而往往最让人措手不及的就是自然灾害到来时我们无能为力，所以在对大学生的安全教育中，我们同样要重视对于防御自然灾害的教育。

第一节 地震的防范与应对

地震（earthquake）是大地的振动，是一种自然现象，既不能过分恐惧也不能轻视，要正确认识地震。

一、地震的定义

地震（又称地动）是指地球表层（地壳）的快速振动，当地球内部在运动中积累的能量对地壳产生的巨大压力超过岩层所能承受的限度时，岩层便会突然发生断裂或错位，积累的能量急剧释放出来，并以地震波的形式向四方八面传播，就形成了地震。它就像刮风、下雨、雷电、火山爆发一样，是地球上经常发生的一种自然现象。在海底或滨海地区发生的强烈地震，能引起巨大的波浪，称为海啸。

二、地震前的征兆

人们在长期的实践中就已经发现，地震发生前是有前兆的，尤其是强烈地震前，大自然会出现一些异常现象，这可以帮助我们及早预防地震的发生。地震前的征兆主要有以下几个方面：

1. 井水、泉水等地下水发生发浑、冒泡、翻花、升温、变色、变味、突升、突降、井孔变形、泉源突然枯竭或涌出等现象。

案例：河北邢台市隆尧县马兰大队有三口水井，一口在村南，一口在村东，一口在村东北。1966 年 3 月村南那口井突然向外喷砂，村东那口井井水突然冒气泡、翻油花，而村东北那口井井水突然变苦，这三口井这么闹腾一阵之后，邢台发生了大地震。

2. 许多动物的某些器官感觉特别灵敏，它能比人类提前知道一些灾害事件的发生，以致出现冬蛇出洞、鱼跃水面、猪牛跳圈、狗哭狼吼等异常现象。

3. 有些植物在震前也有异常反应，如不适季节的发芽、开花、结果或大面积枯萎与异常繁茂等。

4. 地震之前，气象也常常出现反常，主要有震前闷热、人焦灼烦躁、久旱不雨或淫雨连绵、黄雾四塞、日光晦暗、怪风狂起、六月冰雹等。

5. 地震前也可能会有来自地下的声音，有如炮响雷鸣，也有如重车行驶、大风鼓荡等多种多样。

6. 地震前可见到来自地下的光亮，日常生活中罕见的混合色，如银蓝色、白紫色等，但以红色与白色为主；其形态也各异，有带状、球状、柱状、弥漫状等。

7. 地震前来自地下的雾气，又称地气雾或地雾。这种雾气，具有白、黑、黄等多种颜色，有时无色，常在震前几天至几分钟内出现，常伴随怪味，有时伴有声响或带有高温。

8. 地震尚未发生之前，有时感到地面也晃动，这种晃动与地震时不同，摆动得十分缓慢，地震仪常记录不到，但很多人可以感觉得到。

9. 地震前家用电器如收音机、电视机、日光灯等出现异常。最为常见的电磁异常是收音机失灵；关闭的荧光灯夜间先发红后亮起来；关闭了日光灯仍亮着不息；一些电机设备工作不正常，如微波站异常、无线电厂受干扰、电子闹钟失灵等。

10. 大地震发生前几天或几小时，也会发生一系列小震。

以上这些人的感官能直接觉察到的地震前兆称为地震的宏观前兆，在地震预报中具有重要作用。

链接：1976 年 7 月 28 日的唐山大地震的突然性和灾难性，使人们谈震色变。实际上地震前大自然警告了人类，只是大家没引起注意和重视。

恐怖极了的鱼

据蔡家堡、北戴河一带的渔民说，当时鱼儿像疯了一般。在 7 月 28

日前后，各种鱼儿纷纷上浮、翻白。

7 月 24 日，唐山市赵各庄煤矿陈玉成家两只鱼缸里的金鱼，争着跃出缸外，把跳出的金鱼放回去，金鱼竟尖叫不止。25 日，唐山柏各庄霍善华家的鱼塘中一片响声。有的鱼尾朝上头朝下，倒立水面，竟螺旋一般飞快地打转。

“理性”的飞虫、鸟类

7 月 25 日，唐山以南天津大沽口海面，“长湖”号油轮四周海面，一大群深绿色翅膀的蜻蜓栖在船窗、桅杆和船舷上，一动不动任人捕捉驱赶。

天津市郊木场公社和西营门公社都看见成百上千只蝙蝠，大白天在空中乱飞。

唐山以南宁海县潘庄公社西塘坨大队一户社员家，从 7 月 25 日起，房梁下的老燕每天将小燕从巢里抛出去，主人将小燕捡回去，随即又被老燕抛出去。27 日，老燕带着两只小燕飞走了。

动物界逃亡大迁徙

27 日，唐山市滦南县王盖山的人们亲眼看见成群的老鼠在仓皇奔窜，大老鼠带着小老鼠跑，小老鼠则相互咬着尾巴连成串。

7 月 25 日上午，抚宁县 100 多只黄鼠狼，大的背着或叼着小的从古墙洞钻出，向村内大转移。26 日和 27 日，这群黄鼠狼继续向村外转移，一片惊慌气氛。

不可捉摸的信息

秦皇岛附近水域作业的潜水员说，他看见一条彩色绚丽的光带，像一条金色的火龙，转瞬即逝。

7 月 27 日，唐山北部一个军营里，几个士兵发现地下的一堆钢筋，莫名其妙地迸发出闪亮的光，仿佛一个隐身人在那里烧电焊。

动物频频“警告”主人

唐山市郊栗园公社的王春衡，亲眼看见他二大爷家里的猫隔着帐子挠人，非把人挠醒不可。

唐山市殷各庄公社大安各庄李孝生养的狼狗，那一夜死活不让他睡觉，狗叫不起他，便在他的腿上猛咬了一口。

三、地震时的避震措施及遇到特殊危险时的应急措施

（一）避震措施

1. 在室内

（1）蹲下、遮盖、抓稳。

（2）移动几步到附近安全的地方。

（3）远离窗户。窗户玻璃会破碎，可能飞出几尺以外，伤害到你。

（4）大部分地震受伤的人都是因为地面摇晃时移动超过了 5 英尺的距离。

（5）地面摇晃时试图离开楼房是非常危险的，因为东西会砸到你的身上。

（6）许多地震死亡事件的发生是由于人们慌忙跑到楼房外面，结果让墙壁倒塌时脱落的碎片砸死、砸伤。

2. 在床上

（1）抓稳，待在那里，用枕头保护你的头部。

（2）留在原地，受伤的可能性更小。

（3）那些滚到地上或企图逃到门口的人结果往往被地上的碎玻璃扎伤。

3. 在户外

（1）找一块远离建筑物、树木、路灯、电线杆的空地。

（2）蹲下，待在那里，直到地震停止。

（3）建筑物、树木、路灯、电线杆倒塌时可能造成伤害。

4. 在汽车里

（1）把汽车停靠在空旷的路边，系紧安全带，直到地震停止。

（2）树木、电线、电线杆、路牌和其他悬在空中的物体可能会在地震时掉下来。

（3）把汽车停住会降低危险，并且硬顶汽车会保护你免受坠落物体的袭击。

（4）当地震停止后，谨慎行驶。

（5）避开桥梁和坡道，因为它们可能遭到地震的破坏。

5. 在沿海地区

（1）转移到地势较高的地方。

（2）地震通常会引起海啸。

6. 在山区

（1）警惕地震引起的落石和其他碎片。

（2）地震通常会引起山体滑坡。

（二）遇到特殊危险时的应急措施

1. 燃气泄漏：用湿毛巾捂住口、鼻，千万不要使用明火，震后设法转移。

2. 遇到火灾：趴在地上，用湿毛巾捂住口、鼻。地震停止后向安全地方转移，要匍匐、逆风而进。

3. 毒气泄漏：遇到化工厂着火，毒气泄漏，不要向顺风方向跑，要绕到上风方向去，并尽量用湿毛巾捂住口、鼻。

4. 应特别注意避开的危险场所：生产危险品的工厂；危险品，易燃、易爆品仓库等。

四、地震后的救助

地震后有效而及时的救助能够减少人员的伤亡。大学生应该了解地震后救助的有关知识，具体来说，包括地震后的自救、地震后的互救、地震后的疾病防控和心理危机干预等。

（一）地震后的自救

当救护人员还未到达时，地震中受灾的人可以采取一些自救的措施，主要有以下几种：

1. 地震发生后，人们首先要观察周围有无通道或光亮，分析判断自己所处的位置，从哪个方位最可能脱险，尽量朝着有光线和空气清新的地方移动。同时应注意用手巾、衣服或衣袖等捂住口鼻，避免意外事故的发生。

2. 如果被地震废墟埋住，想方设法将手与脚挣脱开来，并利用双手和可以活动的其他部位清除压在身上的各种物体。用砖块、木头等支撑住可能塌落的重物，尽量将“安全空间”扩大些，保持足够的空气呼吸。

3. 若环境和体力许可，应想办法逃离险境，如发觉受埋周围有较大空间通道，可以试着从下面爬过去或者仰面蹭过去。切记要把上衣脱掉，把带有皮带扣的皮带解下来，以免中途被阻碍物挂住。

4. 如果暂时无法脱险，要坚定信心，耐心等待救援，设法保存体力，不做无用的喊叫。听到有人声时，用硬物敲击铁管、墙壁，发出求救信号。

5. 地震后在被压埋的期间，还要想方设法在周围寻找水源、食物或代用食物。

6. 当几个人被压在一起，而周围又很容易产生再倒塌时，应该由一人先出来，到了安全地带后，再一个接一个地脱险。如果周围比较稳定的话，最好像排队似的一起出来。还有一种方法是，先脱险的人把一头打了结的绳索或者表面粗糙容易抓住的皮带丢给待脱险者，等脱险者把它系在身上后，拉其迅速脱险。

（二）地震后的救护

地震中的幸存者以及营救人员需要在地震后对受灾人员进行及时救

护，具体来说，需要注意的事项有以下几点：

1. 先抢救近处的被埋压者，先抢救被埋压较浅的幸存者，先抢救医院、学校、旅馆等人员密集容易获救的幸存者。

2. 注意先救有呼声的，先救容易救的人。救人时要先呼唤，确知人还活着再下力去救，其目的与先救容易救的人一样，以便能在最短的时间内形成一支强大的救人队伍。

3. 可根据下列方法，积极寻找被埋人员：根据知情人提供的情况，进行有目的的搜索定位；监听遇难人发出的呼救信号及信息，如手电筒光、警哨、敲击声、呼喊声、呻吟声等；利用训练有素的警犬进行快速搜索定位；辨认血迹和瓦砾中人活动的痕迹追踪搜索；根据倒塌体的特征，结合原设计图纸，分析研究，找出安全地带，探寻被埋压者的方位；用微量气体快速测定仪，对倒塌物中二氧化碳气体扩散中浓度变化的测定，来准确测定遇险者的位置。

4. 救助时不仅要注意靠听觉搜寻被困人员的呼喊、呻吟或敲击声，还要小心抢救，避免破坏了被埋压人员所处空间的支撑环境，引起新的垮塌。

5. 梁柱相互叠压时，要注意对上面重物的支撑，不可鲁莽行事。清除压埋阻挡时，要注意保护支撑物。

6. 起吊重物时，注意平稳轻吊，不要造成偏压或撞压，致使下面的支撑空间失去平衡，造成被救对象受伤。

7. 可采用近人爆破技术救出遇难人员，特别对于大型倒塌，可大大提高抢救效率。

8. 慎用利器，即抢救时最好不用利器刨挖，应先使被埋压者头部暴露出来，使之呼吸新鲜空气。

9. 被埋压人员无法救出时，要进行废墟下面空间的通风，定时向被压人递送食品和饮用水，静等时机再进行抢救。但要有人时常探望，并注意安全防护，使伤员免受强余震的威胁。

10. 被埋压者脱离废墟时，不能生拉硬扯，应暴露全身，查明伤情，确定受伤类型：如是饥饿性虚脱，要注射葡萄糖针剂；流血过多时，需紧急输血；脊椎骨折时，要注意抬扶，宜用硬板担架。

11. 对于抢救出来的幸存者，经过现场检查、包扎、消毒和急救后，危重的要迅速送往医院或医疗点，不要安置在废墟中，以防余震。对埋压较久的幸存者，应先遮挡好其眼部，以防突然见光伤眼，然后给予流食。

第二节　洪水、雷电、雨雪、高温天气灾害的防范与应对

一、洪水灾害的防范与应对

（一）洪水的定义

洪水是指超出天然水道或人工限制，形成水患而危及人民生命和财产安全的现象。

（二）洪水灾害的预防

在洪水的易发季节和地区，适当采取一些洪水灾害的预防措施，能起到事半功倍的效果。具体来说，洪水灾害的预防措施有以下几点：

1. 易受洪水淹没的地区，当有连续暴雨或大暴雨时，应注意收听当地气象台的洪水预报，注意水位变化，选择最佳路线和目的地撤离。要熟悉避难路线。应了解洪水先淹何处，后淹何处，以选择最佳路线。

2. 有条件的可抓紧时间修筑或加高围堤。在洪水不大的情况下，这种方法可能会保全生命财产安全。

3. 准备可供几天食用的、便于保存的食品，如方便面、面包、火腿肠等。必要时还应准备用于煮食东西的方便炉、小锅等简易炊具，以及用于取火的燃料、引火物及打火机、火柴等物品。

4. 准备足够的饮用水。饮用水要储存在有盖的塑料瓶和其他密闭性好的容器中。所有的盛水容器都要密封，避免漏水或被污染。

5. 接到洪水预报时，可将不便携带的贵重物品做防水捆扎后埋入地下或放到高处，票款、首饰等小件贵重物品可缝在衣服内随身携带。

6. 找一些入水能浮的东西，如床板、箱子及柜、门板等，并用绳子将它们紧紧捆牢，以此当作逃生时的木筏。如果一时找不到绳子，可用床单、被单撕开来代替。同时搜集木箍、木块等漂浮材料以备急需。

7. 保存好尚能使用的通信设备。收集手电、口哨、镜子、打火机、色彩艳丽的衣服等可作为信号之用的物品，做好被救援的准备。

（三）洪水灾害的应对

当洪水来临时，要根据实际情况采取合适的自救方式，避免自身受到伤害，具体措施如下：

1. 当洪水到来时，如果有充分的时间和有利的条件，应该迅速转移到事先选定的避难所。转移时要认清路标，在离家出门之前，还要把煤气阀、

电源总开关等关掉。出门时最好把房门关好。

2. 如果来不及转移，把重要物品和急需物品及时搬到地势较高处，人可向高处转移，如结实的楼房顶、大树上等，等待救援。

3. 在室内，为防止洪水涌入屋内，首先要堵住大门下面的所有空隙。最好在门槛外侧放上沙袋，可用麻袋、草袋或布袋、塑料袋，里面塞满沙子、泥土、碎石。如果预料洪水还会上涨，那么底层窗槛外也要堆上沙袋。

4. 如洪水继续上涨，暂避的地方已难自保，则要充分利用准备好的救生器材逃生，或者迅速找一些门板、桌椅、木床、大块的泡沫塑料等能漂浮的材料扎成筏逃生。

5. 在离开房屋漂浮之前，要吃些含较多热量的食物，如巧克力、糖、甜糕点等，并喝些热饮料，以增强体力。

6. 在水中行走，水流不急或水深在膝盖以下时，尚能保持平稳。如果水已齐腰就会有倾倒的可能，此时必须用手拉住绳子才可过河。无绳时可找来一根竹棍或木棒，用来探水深以及河床情况，并有利于支持和保持平衡。迈步时步幅不宜过大，等前脚踏稳时后脚才可提起。人多时，可两到三人相互挽在一起。

7. 如因山洪暴发、河水猛涨被困在山中，则应选择一高处平地或高处的山洞，离行洪道远的地方休息、求救。带上能带的食物、火种以及必备用品，并保管好，做好需 1~2 日待救之准备，要节约食物，注意饮水清洁。

8. 如在山涧行走时遇到洪水暴发，可向高处找路返回，也可紧紧抱住附近的大树或大石头。

9. 在野外不要沿着行洪道方向跑，而要向两侧快速躲避；千万不要轻易涉水过河；不要游泳逃生，不要爬到泥坯房的屋顶，更不可攀爬带电的电线杆、铁塔。

10. 在通过受淹道路和下穿式通道时，要注意观察水情，竖立警示牌，防止别人误入深水区或排水口。

11. 如果不幸落入水中，应保持镇静，尽量抓住木板等能承重的漂浮物顺水漂流。漂到岸边后迅速上岸，往高处转移。游泳时应斜着向上游方向游，避免被水流冲向岸边，冲撞受伤。

二、雷电、雨雪灾害的防范与应对

雨雪灾害是气象灾害的一种，包括雷雨天气灾害、冰雪天气灾害等，下面就对雷雨天气灾害和冰雪天气灾害的防范与应对措施进行介绍。

（一）雷雨天气灾害的防范与应对

雷雨天气通常发生在夏季，伴随雷电现象。雷电灾害是雷雨天气灾害的主要方面。雷电是一种自然现象，是雷雨云产生的一种强烈放电现象，同时还放出大量热能，瞬间温度可以达到 1 万摄氏度以上。雷电不仅能破坏电力、通信设备，毁坏建筑、树木，还常常击伤、击死人畜，造成人员伤亡和经济损失。

案例：2006 年 8 月 1 日晚上 8 点左右，一场暴雨突然袭击羊城。大沙头珠江夜码头上，武汉理工大学大一学生小严和她的父母、姨娘和姨娘的女儿正在游船旁边的空旷地带，等姨父去售票口领取已经预订的游船票。突然，天空中乌云滚滚，风扫长街，一道闪电划破长空，将码头映衬得如同白昼，随即“噼啪”一声巨响，码头上的游客顿时传出一片惊叫。“打雷了！下雨了！”人群中有人高喊撤退，姨娘就拉了一下小严，走在前面，小严的母亲抱着姨娘 3 岁的女儿走在后面，准备去找一个可以躲雨的地方。就在众人撤退的瞬间，一道耀眼的火花闪亮在众人头顶，说时迟那时快，“啪”的一声响，小严的姨娘只觉得双脚膝盖一麻，双腿一软，就倒在了地上。身边的小严也“噗”的一声倒在了地上，再回头，身后小严的父母，以及姨娘的孩子，都倒在了地上。但其余人都很快地起身，只有小严依旧躺在地上，一动不动。小严的姨娘走上前去一看，借着游船上的灯光，只见小严的嘴巴、鼻孔都在不停地流血，腹部以下的衣服都被烧焦了，裤子上还有两个大洞。10 分钟左右，一名民警赶到现场，他拦住一辆出租车，将小严一家送到医院。当晚 9 点多，医生宣布小严由于伤势过重，已无法治疗。她的父亲鼻梁骨骨折，母亲和姨娘也受了轻伤。

小严和家人在一起，为什么有的受伤，有的（姨娘的小孩）毫发无损，而她却丢了性命呢？广州市防雷减灾管理办公室主任邓春林表示，雷击时，很多时候都“比较怪”，这可能与她自身身体的电阻有关系，也可能与她当时的位置，以及身上所带的金属——比如项链、雨伞或者手机等有关系。

1. 雷雨天气灾害的防范

（1）在雷雨天气中，应关好门窗及家用电器的电源开关。拔掉电视天线，不要接打手机。

（2）遇雷雨时，不宜快速开摩托车、快骑自行车和在雨中狂奔，因为身体的跨步越大，电压就越大，也越容易受伤。

（3）打雷时远离建筑物外露的水管、煤气管等金属物体，远离电灯、电源等电力设备。

（4）孤立的高大树木或建筑物往往最易遭雷击。人在高楼须入室，在高空作业应停止。

（5）在户外躲避雷雨时，应双手抱膝，胸口紧贴膝盖，尽量低下头，因为头部较之身体其他部位最易遭到雷击。且不要用手撑地。

（6）雷雨时应拿掉身上的金属饰品。有条件时可找些干燥的绝缘物放在地上，并将双脚并拢坐在上面。

（7）在室外者，如感到头发竖立，皮肤刺痛，肌肉发抖，这预示着有被闪电击中的危险，应立即卧倒或远离原地。

（8）在雷雨天气中，不宜高举羽毛球拍、高尔夫球棍、锄头等，不宜进行户外球类运动，不宜在河边洗衣服、钓鱼、游泳。

（9）不要穿潮湿的衣服，不要靠近潮湿的墙壁。不要在有雷电时淋浴，因为巨大的雷电会沿着水流袭击淋浴者。

（10）要远离建筑物外露的水管、煤气管道等金属物体及电力设备。如果看到遭雷击断裂的高压线，此时应提高警惕，因为高压线断点附近存在跨步电压，身处附近的人千万不要跑动，而应双脚并拢，跳离现场。

（11）当在户外看见闪电后几秒钟内就听见雷声时，说明正处于近雷暴的危险区，此时应停止行走，两脚并拢并立即蹲下，此时要注意不要与人拉在一起，最好使用塑料的雨具避雨。

2. 雷雨天气灾害的应对

（1）遭受雷击的人可能会被严重烧伤或者严重休克，但是身上并不带电，可以安全地加以抢救或者处理。

（2）人体在遭到雷击后一般会出现昏迷、假死等症状，应立即采取抢救措施，首先须将伤员移到安全的地方，然后马上进行人工呼吸。

（3）如果伤者遭受雷击引起衣服着火，为避免火势蔓延全身，应迅速让伤者平躺，用衣服或厚毯子包裹及浇水等方式为伤者灭火。

（二）冰雪天气灾害的防范与应对

冰雪天气包括大幅度降温、暴风雪、寒流等低温冰雪天气，主要危害是封锁道路、积雪覆盖草场、冻伤冻死人畜、摧毁水电暖气设施等，给人们的生活造成极大的威胁。

1. 冰雪天气灾害的防范

（1）随时收听天气预报，提前做好准备工作；储备足够的食品、饮用水、燃料和打火机及手电、蜡烛等，以防冰雪破坏供电、供水、煤气管道。

（2）防寒不好的房屋应及时加固门窗避寒；同时为家畜备好饲料，在窝棚做好保暖工作。

（3）得知冰雪天气警报后，老人、孩子、心血管和肺部疾病患者应做好防寒保暖准备，不要出门，并通过电话与外界保持经常的联系。

2. 冰雪天气灾害的应对

（1）冰雪天气时，学生上学不要骑车，以防滑倒跌伤。

（2）冰雪天气时，行车应减速慢行，转弯时避免急转以防侧滑，踩刹车不要过急过死；驾驶人员应佩戴有色眼镜或变色眼镜。

（3）在冰冷刺骨的地带要多运动，只要环境允许就要不停地动。雪地水源丰富，不过要烧开才能饮用，否则会引起腹泻。

（4）野外徒步行走遭遇暴风雪时，首先要选择干燥背风向阳的地方，如岩石、洞穴、树林或矮树丛等地藏身，接着用灯光、声音和通信工具紧急求救；藏身时绝不能睡着，以防冻伤。

（5）在野外随身携带的食品和饮用水用完后，可积极寻觅食物。对寻找的无毒食物和饮用水必须煮熟后食用。

（6）有同伴局部冻伤时，应尽快将患者移往温暖的帐篷或山屋中，轻轻脱下伤处的衣物及任何束缚物，如戒指、手表等，可用皮肤对皮肤的传热方式，温暖患处，或将患处浸入温水中，冻伤的耳鼻或脸，可用温毛巾覆盖，可慢慢地用与体温一样的温水浸泡患部使之升温。如果仅仅是手冻伤，可以把手放在自己的腋下升温，然后用干净纱布包裹患部，并送医院治疗。

（7）发生冻僵的伤员已无力自救，救助者应立即将其转运至温暖的房间内，搬运时动作要轻柔，避免僵直身体的损伤。然后迅速脱去伤员潮湿的衣服和鞋袜，将伤员放在 38 ℃~42 ℃的温水中浸浴；如果衣物已冻结在伤员的肢体上，不可强行脱下，以免损伤皮肤，可连同衣物一起浸入温水，待解冻后取下。

（8）全身冻伤者出现脉搏、呼吸变慢的话，就要保证呼吸道畅通，并进行人工呼吸和心脏按摩；要渐渐使身体恢复温度，然后速去医院。

三、高温天气的防范与应对

高温天气是指气温达到 35 ℃以上的天气，这会给人体健康、道路交通、水电使用等带来严重影响。

（一）高温天气的防范

1. 注意收听高温预报，饮食上，适宜选择清淡的食物，多食用黄瓜、西红柿、西瓜、桃等含水分较多的时令蔬菜水果，另外乳制品既能补水又能满足身体对营养物质的需要；多喝水并适当饮用淡盐水、绿豆汤、菊花茶等降暑的饮品。

2. 高温时间外出时，应备好太阳镜、遮阳帽、清凉饮料等防暑用品；长时间外出还要准备好十滴水、清凉油、人丹等防暑药物。

3. 室内要注意保持早晚通风；如在户外工作，可早出晚归，中午多休息。

4. 穿戴上，衣着要宽大舒适，少穿化纤织物，外出时可准备太阳眼镜、遮阳帽、防晒伞等物品。

5. 乘车长途旅行时要适当站起来活动；改善臀部、背部的透气性，不要长时间靠、坐睡觉，否则局部汗液排泄不畅及被汗液长时间浸渍易生痱子。

6. 睡眠时注意不要躺在空调的出风口和电风扇下，以免患上空调病和热伤风；空调温度应控制在与室外温差 5 ℃ ~10 ℃，室内外温差太大，反而容易中暑、感冒。

7. 合理安排作息时间，白天尽量减少户外活动时间，中午 12 点至下午 2 点最好不要外出。

8. 尽量不去拥挤的公共场所，克制高温带来的烦躁易怒情绪；心肺病患者尤其要注意减少活动、避免疲劳；注意保持皮肤清洁，常用温水洗脸洗澡，出汗后要及时清洗掉汗液并更换衣物。

（二）高温天气的应对

1. 当高温天气进行户外运动发生晒伤时，可用冷毛巾或冰袋敷在红肿处，直至痛感消失。如发现水泡，不要自行挑破，应请医生处理，避免感染。

2. 对于先兆中暑和轻症中暑者，要先脱离高温环境，将病人转至阴凉通风处，解开衣领、领带和裤带。病情较轻者可口服淡盐水、浓茶和绿豆汤等，服用人丹、十滴水、藿香正气水等防暑药物。用凉毛巾、凉水袋或冰块置于病人颈部、腋下、腹股沟等处，或用 75% 酒精擦浴。也可在足三里、合谷、人中等穴位进行针刺。有条件者可头戴冰帽、冷水浴、静脉滴注生理盐水或葡萄糖盐水等。

3. 对中暑衰竭者，有条件者应注射葡萄糖盐水，并注意血压。对中暑痉挛者，除静脉补液外，尚须注射 10% 葡萄糖酸钙。对中暑高热者，应立即将其移至 25 ℃室温的环境，在颈部、腋下和腹股沟大血管处放置冰袋，并用酒精擦浴全身。也可以浸入 10 ℃ ~16 ℃的冷水中，只将头露出水面，同时用手摩擦皮肤使其发红，以助散热。但循环衰竭者不宜应用，因其妨碍对循环衰竭的救治。风扇扇风也可以加强皮肤散热，使伤病者体温迅速降下来。在降温过程中要注意体温、血压、心率等变化，当肛温下降至 38 ℃左右时，要立即停止降温，以防虚脱。

第七章　当代大学生消防安全教育

火和其他事物一样具有两重性：一方面给人类带来了光明和温暖，带来了健康和智慧，从而促进了人类文明的不断发展；另一方面也带来了一些具有很大破坏性和多发性的灾害，对人类的生命财产构成了巨大的威胁。所以，加强学校的消防安全管理，学习消防安全知识，并积极采取消防安全预警措施，确保学校师生生命财产安全，是创建平安校园的基础，是教育事业健康发展的保障。

第一节　火灾的基本知识

一、火灾的定义

火灾，是指在时间或空间上失去控制的燃烧所造成的灾害。在各种灾害中，火灾是最经常、最普遍地威胁公众安全和社会发展的主要灾害之一。人类使用火的历史与同火灾作斗争的历史是相伴相生的，人们在用火的同时，不断总结火灾发生的规律，尽可能地减少火灾及其对人类造成的危害。对于火灾，在我国古代，人们就总结出“防为上，救次之，戒为下”的经验。随着社会的不断发展，在社会财富日益增多的同时，导致发生火灾的危险性也在增多，火灾的危害性也越来越大。实践证明，随着社会和经济的发展，消防工作的重要性就越来越突出。“预防火灾和减少火灾的危害”是对消防工作的总体概括，包括了两层含义：一是做好预防火灾的各项工作，防止发生火灾；二是火灾绝对不发生是不可能的，而一旦发生火灾，就应当及时、有效地进行扑救，减少火灾的危害。

二、火灾的等级

根据 2007 年公安部下发的《关于调整火灾等级标准的通知》，新的火灾等级标准由原来的特大火灾、重大火灾、一般火灾三个等级调整为特别重大火灾、重大火灾、较大火灾和一般火灾四个等级。

特别重大火灾：指造成 30 人以上死亡，或者 100 人以上重伤，或者 1 亿元以上直接财产损失的火灾。

重大火灾：指造成 10 人以上 30 人以下死亡，或者 50 人以上 100 人以下重伤，或者 5 000 万元以上 1 亿元以下直接财产损失的火灾。

较大火灾：指造成 3 人以上 10 人以下死亡，或者 10 人以上 50 人以下重伤，或者 1 000 万元以上 5 000 万元以下直接财产损失的火灾。

一般火灾：指造成 3 人以下死亡，或者 10 人以下重伤，或者 1 000 万元以下直接财产损失的火灾。（注："以上"包括本数，"以下"不包括本数。）

三、火灾的类型

火灾的分类可以按照以下几个标准：一是火灾发生的地点，二是可燃物种类，三是物质燃烧特性。

（一）按火灾发生地点划分

有建筑火灾、露天生产装置火灾、可燃物料堆场火灾、森林火灾、交通工具火灾等。发生次数最多、损失最严重者，当属建筑火灾。其发生次数占总火灾数的 75% 左右，直接经济损失占总火灾的 85% 左右。

（二）按可燃物种类划分

有气体火灾、可燃性液体火灾、金属火灾、易燃固体火灾等。值得注意的是，较多的火灾形成可能是由单一的可燃物所致。但随着火灾的发展，会有多种可燃物参与，形成复合型火灾。

（三）按物质燃烧特性划分

A 类火灾：指固体物质火灾。这种物质往往具有有机物的性质，一般在燃烧时产生灼热的余烬，如木材、煤、棉、毛、麻、纸张等火灾。

B 类火灾：指液体火灾和可熔化的固体物质火灾，如汽油、煤油、柴油、原油、甲醇、乙醇、沥青、石蜡等火灾。

C 类火灾：指气体火灾，如煤气、天然气、甲烷、乙烷、丙烷、氢气等火灾。

D 类火灾：指金属火灾，如钾、钠、镁、铝镁合金等火灾。

E 类火灾：指带电物体和精密仪器等物质的火灾。

四、火灾的原因

导致火灾的原因一般有：故意放火、生活用火不慎、玩火、违反安全操作规程、违反电器安装使用规定、设备不良、自燃七类。在生产、生活活动中，大量的火灾是由于操作失误、设备缺陷、环境和物料的不安全状态、管理不善等引起的。而在大学校园里发生火灾的原因主要有以下几种：

（一）乱接乱拉电源线

乱接乱拉临时电源线是学生集体宿舍中较常见的不安全因素之一。所谓乱拉电线，就是不按照安全用电的有关规定，随便拖拉电线，任意增加用电设备。这些电线有的架在床上，有的放在桌边，有些则埋在蚊帐里或被子下的床沿上。接线不规范、接头或线径不符合安全用电要求，极易造成短路、负载或电阻过大等而引起电线发热着火，这也是高校中较常见的火灾之一。

（二）不当使用电热器具

尽管学校反复强调要注意用电安全，不得使用大功率电器设备，但是学生中使用电炉、热得快、电热壶、电饭锅、电熨斗等电器的现象仍然普遍存在。有的宿舍冬天用电暖气取暖，用热得快烧水。在使用中，或由于长时间通电（有时外出忘记关电源），或由于使用、放置不当，致使电器温度升高而点燃附着的可燃物，这类火灾在学生宿舍中常见。

还应该注意的是，在宿舍内，许多学生都买了小型充电器，以方便电池充电，但充电时随意将充电器放在床铺上、枕头上或书本上，充电时间过长，引起充电器过热，造成短路，产生火花，引燃床上用品，造成火灾。

（三）电气设备老化、超负荷运行

一些高校的学生宿舍楼使用年限较长，楼内电线老化，加上原设计负载有限，而学校发展和宿舍人数及电器设备增多，用电量明显增加，用电线路却没能及时更新改造。有的学生在宿舍违章使用电热器具，就会使宿舍的电线超负荷运行，继而发生跳闸停电、烧保险丝等情况，甚至造成火灾事故。

（四）照明灯具太靠近可燃物

有的学生喜欢安装床头灯，并且用纸做灯罩，有的将灯泡靠近衣服或蚊帐，更有甚者用灯泡取暖，将灯泡放在被子里，由于白炽灯泡（特别是较大功率的灯泡）表面温度很高，因白炽灯而引起火灾的事故也就时有发生。

（五）点蜡烛、蚊香

停电或晚上统一熄灯的学生宿舍，会有一部分学生图方便而点上蜡烛，如果不小心碰倒或看书睡着了，让明火碰上可燃物，极容易发生火灾。蚊香有很强的燃烧力，点燃后没有火焰，但能持续燃烧，燃烧着的蚊香一旦碰到可燃物也会引起燃烧，从而造成火灾。

（六）不良的吸烟习惯

香烟燃烧时中心部位温度高达 700 ℃ ~800 ℃，烟头的表面温度也有 200 ℃ ~300 ℃。纸、棉花、布匹等大多数可燃物的燃烧点都低于这个温度。根据试验，烟头引起棉絮着火的时间只需 3~7 分钟，引起腈纶着火的时间更短，只需 1 分钟左右。可见，烟头虽小，潜在的危险性却很大。有的学生乱扔未熄灭的烟头，有的学生喜欢躺在床上吸烟，有的学生有时会把仍燃烧着的香烟放在一边而去干别的事情，这样极易引起火灾。

另外，随着科技与教育事业的发展，现在大学宿舍中计算机的使用越来越普遍，这一方面提高了学生运用现代化科技产品的能力，另一方面也为学生宿舍的消防安全带来了潜在的隐患。

五、火灾对人的伤害

火灾事故具有突发性、损害严重性、复杂性等特点，对人的伤害主要表现在以下几方面。

（一）烧伤

由热力、某些化学物质、电流以及放射线导致的皮肤或其他组织的损伤称为烧伤。火灾的烧伤多由火焰直接导致皮肤及其组织的蛋白凝固、脱水、炭化等损伤。局部皮肤及其组织损伤区域由受热中心向外分为中心的凝固区、中间的淤滞区和外周的充血区。凝固区组织为完全坏死，为不可逆损伤；淤滞区血液循环淤滞，损伤为可逆性，如治疗得当，有希望转为正常组织，如治疗不当，也可导致水肿坏死；充血区是组织细胞对损伤的炎症反应，仅表现为充血、水肿。严重的烧伤可导致全身的炎症反应，组织、器官的缺血、缺氧，细胞水肿；病情严重的可引起休克、多脏器功能衰竭、死亡。烧伤经治疗常常遗留疤痕和局部组织、器官的功能障碍。

（二）窒息

火灾中烟气的主要成分是碳粉，还有大量的一氧化碳、二氧化碳、硫化氢等有毒气体，对人体危害很大。有资料显示，发生火灾时因缺氧、烟气侵害而造成的人员伤亡可达火灾死亡人数的 50%~80%。

烟气窒息的原因有：火灾产生的烟气多，毒性大；需要安全疏散的人员多，难度大；火势蔓延快，火烟扩散快。空气中含氧量为 21% 时为人的生理所需含量。空气含氧量 ≤6% 时人在短时间内会因缺氧而窒息死亡；空气含氧量在 6%~14% 时，人会失去活动能力和智力下降。而实际着火房间空气含氧量只有 3%，火烟中的大量有毒气体，超过正常允许浓度时，则造成人员中毒死亡。火灾产生的直径小于 10 微米的飘尘可存在达数年之久，对人体呼吸系统造成慢性危害。人对高温的暂时忍耐性最高为 65 ℃，而火烟温度常在 500 ℃以上。

（三）休克

烧伤后 48~72 小时为休克期，休克是烧伤早期主要的并发症，也是烧伤早期死亡的主要原因之一。其本质是由于有效循环血量减少，而导致组织器官缺血、缺氧。成人烧伤面积 20% 以上，小儿烧伤面积 5% 以上即可发生低血容量休克。休克期内是否发生休克，与救治是否及时、伤者烧伤面积和深度有直接关系。

烧伤 48 小时以后的 2~3 周为感染期，烧伤感染伴随创面的存在而存在，并贯穿烧伤病程的始终。严重的感染可发生感染性休克。

（四）摔死、摔伤

当从选择的路线逃生失败后，人往往会失去理智而采取跳楼、跳窗等方式。结果会造成骨折、内脏破裂、颅脑外伤或死亡。

第二节　火灾的防范与扑救

一、校园火灾的特点

（一）造成巨大的人员伤亡

学校是人员集中场所，一旦发生火灾，极易造成群死群伤的严重后果。

2000 年 1 月 19 日，美国新泽西州西顿·霍尔大学的一幢 6 层学生宿舍楼发生火灾，造成 3 人死亡、58 人受伤，其中 4 人伤势严重。当地时间 19 日凌晨 4 时 30 分，一阵警报声将住在楼内的 640 多名学生惊醒，大火随后迅速蔓延，学生纷纷夺门而逃，部分学生还从窗口跳楼逃生。尽管大火很快被消防人员扑灭，但还是造成 61 人伤亡的惨剧。因为发生火灾，这所拥有 1 万多名学生的大学被迫停课。

2003 年 11 月 24 日凌晨，在俄罗斯莫斯科人民友谊大学学生宿舍发生的火灾，死亡 37 人，受伤人数近 200 人，其中我国留学生有 7 人遇难，6 人失踪，受伤 40 余人；2004 年 7 月 17 日，印度南部一所私立贵族中学发生特大火灾，造成至少 84 名学生死亡，22 人受伤。

（二）造成的影响大

2001 年 3 月，肯尼亚首都发生的学校特大火灾是该国历史上最惨烈、最严重的校园火灾事故，致使肯尼亚举国震惊。对俄罗斯人民友谊大学火灾，中国驻俄罗斯大使刘古昌说，这是中国留学生近年来在国外遇到的最大的不幸事件。

（三）发生时间多在晚上

上述几起特大火灾都发生在晚上。这是因为有的学校因防盗或治安需要，采取了一些安全措施（如给宿舍的窗户加装防护栏，楼道出口安装防护用的铁栅栏），有的寄宿制学校采取封闭式管理，禁止学生随意外出（如学生管理者在学生就寝后将宿舍楼出口上锁）。凡此种种，一旦深夜发生火灾，人员疏散混乱，致使找不到出口而酿成灾难。

（四）易发地多为学生宿舍

上述特大火灾都是由于宿舍起火而造成的。由于学校疏于对学生的安全检查和管理，学生宿舍成为学校火灾隐患最为严重的所在。在一些学校的学生宿舍，存在着乱接电线、违章用电、宿舍内吸烟、蜡烛照明、熏蚊虫、楼道不畅通和消防器材配备不齐全等问题。

二、校园火灾的预防要点及对策

（一）校园火灾的预防要点

1. 高校火灾隐患的部位和物品

高校火灾隐患的部位和物品主要有下列几个方面：

（1）学生宿舍、大教室、俱乐部、食堂等人员集中的场所安全疏散出口不足，甚至被堵塞，一旦发生火灾，易造成人员伤亡。

（2）实验室内贮有一定量的易燃易爆危险化学物品，如使用和保管不当，极易引发火灾。另外，在实验进程中常用明火进行加热、蒸馏等实验操作，以及使用电热仪器时用电量过大都可能出现危险。

（3）普通教室课堂上进行的实验和演示需用火、用电或危险化学物品。

（4）语音教室、演播室、电子计算机中心等部位所用吸音材料不少是可燃材料，并安装了碘钨灯和聚光灯等照明设备。

（5）电影放映室放映机的灯箱温度较高，如发生卡片不能及时排除故障，有可能使胶片着火。在修接胶片时所用的丙酮遇明火也极易起火。

（6）维修间用火用电多，同时还经常使用易燃液体。

2. 高校教室和实验室的防火工作

高等院校的教室和实验室是高校进行教学活动的重要场所，人员集中，有些教学活动也有一定的火灾危险性，防火工作不容忽视。

（1）普通教室的耐火等级不应低于三级，并且教室距甲、乙类的生产厂房、仓库的防火间距不应少于 25 米，容纳 50 人以上教室的安全出口不应少于两口，教学楼超过 5 层时应设置封闭式楼梯间。

（2）化学实验室应为一、二级耐火等级建筑，有易燃易爆蒸汽和气体散逸的实验室，电气设备应符合防爆要求：实验室在 30 平方米以上应有两个安全出口；严格管理危险化学物品，实验剩余和常用的小量易燃化学危险物品总量超过 5 千克的不得存放在实验室内，小于 5 千克的应放在专人保管的金属柜中；向阳的房间应设置遮阳板或难燃窗帘；实验台上不能摆放与本次实验无关的化学物品。

（3）禁止使用没有绝缘隔热底座的电热仪器；在实验中用可燃气体作燃料时，其设备的安装和使用应符合安全要求，使用易燃易爆危险化学物品应随用随领，不应积存；电炉应放在专人管理的确定位置，电烙铁使用以后放在不燃支架上，有变压器、电感线圈的设备也必须设在不燃的基座上；实验过程中要有人看守，对于危险性大的操作，应备有湿抹布、石棉布等做灭火准备，以油为燃料的发动机实验室还要经常检查油路是否漏油，回路管中油的温度不能超过 65 ℃，油管、油箱或油罐应有良好的导除静电装备；实验室用电量不能超过负荷，不得临时乱拉电线，要按有关规定配备相应的灭火器材。

（4）视听教室应为一、二级耐火等级建筑，室内的装饰材料及吸音材料应采用非燃或难燃材料，铺设的地毯应具有导除静电的性能；照明灯具与可燃物之间应保持一定的安全间距。聚光灯、碘钨灯前面使用的彩光纸必须是难燃的，同时应在灯具下设金属纱网进行保护；电源线应穿金属管铺设。

（二）校园火灾的预防对策

1. 做好学校消防工作首先要从领导抓起。正确的思想意识能指导人们采取正确的行动。因此，教育行政主管部门和各级学校领导应从保持社会稳定和可持续发展的角度来认识做好学校消防工作的重要性。各级教学主管部门和学校领导要重视本系统单位的消防安全工作，科学地研究适合本校实际的消防工作内容和形式，在安全的原则下求发展，把解决消防安全问题放在重要位置，建立健全消防安全管理制度。

2. 加强消防工作管理，落实防火责任制。加强消防工作管理、落实防火责任制是增强消防意识，预防火灾事故发生的重要手段。因此，教育行政主管部门和各级各类学校要牢固树立消防安全责任主体意识和防范意识，狠抓消防安全制度建设，层层落实防火安全责任制。普遍实行消防安全责任人制度和消防安全责任追究制度，确定校内各科室的负责人为该责任区的消防安全责任人。始终坚持“谁主管，谁负责；谁分管，谁负责；谁在岗，谁负责；谁出事，谁负责”的原则，让广大师生明确自己在消防工作中的责任、权利和义务。同时，要加强管理，严格防火检查、巡查和火灾隐患的整改制度，对违章用火用电问题采取积极有效的应对措施，以保证消防安全工作落到实处。加强学校出租房屋、周边环境的管理。学校应加强检查，实行每日巡查制。对教学楼、图书馆、学生宿舍等防火重点部位加强防火检查，定时定人进行检查。

3. 加大消防经费投入，改善消防基础设施。各学校应该根据本校的实际情况，及时对消防投入和整改所需资金进行核算，并区别轻重缓急，针对隐患列出整改计划，将经费列入学校经费开支的总预算中。要设立消防专项基金，不断改善消防装备条件，有计划地消除火灾隐患。要通过自查、互查等形式，首先解决房屋电源线明线敷设等火灾隐患问题；采取电力扩容、更换老化电线等措施减少火灾隐患，并增设室内消火栓和加压泵房，以提高供水压力。另外，要加强对消防设施、器材的管理和维护保养，建立专人专门保管制度。对超过使用年限的要及时更换，同时还应在楼道内设置醒目的安全疏散线路指示标志及指示灯。通过加强消防设施硬件建设，加大消防力量，减少发生火灾的因素，降低火灾事故发生率，提高自救能力。

4. 注重宣传教育，提高消防安全意识。从消防工作的实践看，引起火灾的原因很多，但主要的因素是人而不是物。火灾统计分析结果表明，绝大多数的火灾是由于人们思想麻痹、用火不慎或违反消防安全规章制度和技术操作规程造成的。必须通过宣传教育，充分调动广大师生做好消防安全工作的积极性。例如，结合新生进校后的各项活动，向学生开设消防安全课，将消防知识纳入教学内容，保证学生都能接受消防教育，提高他们应付火灾事故和火场自救的能力；结合校园特点和“119 消防日”，定期不定期地举办火灾事故和防火、灭火知识展览，使学生提高防火意识并掌握相应的防火灭火知识；编写《学生防火须知》《学生逃生自救方法》等通俗易懂的小册子并发放到学生手中，便于他们学习；组织学生进行报警、灭火、逃生自救演练；与消防队结成“警民共建”对子，定期组织学生到消防站参观，让广大学生走进消防，体验消防，为全面普及消防安全知识奠定坚实的基础。

三、火灾的扑救

（一）灭火的基本原则及方法

一切防火措施，都是为了防止燃烧的 3 个条件（可燃物、助燃物和着火源）同时具备，不让它们相互结合、相互作用；一切灭火措施，都是为了破坏已产生的燃烧条件，抑制燃烧的反应。无论采取哪一种灭火方法，只要能去掉一个燃烧条件，火就熄灭了。

1. 灭火的基本原则

（1）控制可燃物。即限制燃烧的基础或缩小可能燃烧的范围。

（2）控制助燃物。即限制燃烧的助燃条件。

（3）消除火源。即消除和控制燃烧的着火源。

（4）阻止火势蔓延。即不使新燃烧条件形成，防止或限制火灾扩大。

2. 灭火的基本方法

（1）隔离法。将着火的地方或物体与其周围的可燃物隔离或移开，燃烧就会因为缺少可燃物而停止。

（2）窒息法。阻止空气流入燃烧区域或用不燃烧的物质冲淡空气，使燃烧物得不到足够的氧气而熄灭。

（3）冷却法。将水和灭火剂直接喷射到燃烧物上，以降低燃烧物的温度，燃烧物的温度降到该物质的燃点以下时，燃烧就停止了。

（4）抑制法。用含氟、溴的化学灭火剂喷向火焰，让灭火剂参与到燃烧反应中去，使“燃烧链”反应中断，以达到灭火的目的。

大学生在校园内遇到火灾时，要灵活运用上述灭火基本方法，对不同的初起火灾，宜采用不同的灭火器或工具进行灭火。如果火势太大，一个人或几个人无法扑灭时，就要报警和逃离火场。

3. 扑灭初起火灾的基本方法

火灾的发生可分为初起、发展、猛烈、温度下降、熄灭5个阶段。火灾初起时可燃物燃烧速度比较缓慢，火焰不高，火势小，着火面积小，形成的烟雾小，产生的热量不多，比较容易扑灭。扑灭初起火灾的原则是：救人第一；先控制后消灭，先重点后一般。针对不同类型的火灾，其扑救的方法也有所不同。

（1）电气火灾。电气设备发生火灾，首先应关闭电源开关，然后用干粉灭火器、二氧化碳灭火器、1211灭火器等进行扑救，切不可直接用水扑救，防止触电伤亡事故。如用水、泡沫灭火，应先切断电源，然后再灭火。电视机、电脑着火时应从侧面扑救，防止显像管爆裂伤人。

（2）燃气火灾。现在使用的燃气主要有煤气、液化石油气和天然气，一旦发生火灾，首先应关闭阀门，然后用灭火器或湿布等灭火器材进行灭火；如果阀门不能关闭，又无有效堵漏措施不能将火焰扑灭，应尽量控制火势让其稳定燃烧；如果是液化石油气钢瓶着火，在灭火时还应防止钢瓶过热爆炸，防止钢瓶横倒，以免造成液体燃烧。

（3）厨房火灾。厨房着火，最常见的是油锅起火。起火时，要立即用锅盖盖住油锅，关掉点火开关，使火窒息，切不可用水扑救或用手去端锅，以防止造成热油爆溅，灼烫伤人和扩大火势。如果油火撒在灶具上或地面上，可使用手提式灭火器扑救，或用湿布等捂盖灭火。

（4）易燃液体火灾。易燃液体（如汽油、酒精、香蕉水、甲苯等）着火，发展迅速而猛烈，有时甚至发生爆炸，且不易扑救，所以平时要做好准备，一旦发生应立即用干粉、卤代烷、二氧化碳、泡沫灭火器灭火，或用细沙、湿毛毯等扑救，尽量控制液体的流散。切勿用水扑救，以免造成流淌火灾。如火势扩大无法灭火时，应迅速逃离现场，离去时应将门顺手关上，以便在一定时间内控制火势扩散。

（5）室内火灾。室内发生火灾时，应沉着冷静，分清情况，采取相应措施。如一般衣服、织物及小件家具着火，在火势不大时，可迅速将着火物拿到室外或卫生间等安全的部位用水浇灭。不要在室内乱扑乱打，以免将其他可燃物引燃。

大件家具着火，可先用水盆接水扑救。如火势得不到控制，则利用楼梯间或走道上的消火栓进行扑救，同时迅速挪开家具旁边的可燃物质。

当发现封闭的房间着火时，不要随便打开门窗，以防止新鲜空气进入而扩大燃烧。要先在外部察看火势，如果火势很小或只有烟雾不见火光，可以用水桶、脸盆等准备好灭火用水，迅速进入室内将火扑灭。

在校园发生初起火灾时，应该做到以下几点：

第一，积极参加灭火。参加初起火灾的扑救是公民的义务和责任。初起火灾容易扑灭，若能及时扑救，火势不会扩大。当火灾初起时，现场只有一个人或少数人，不能见火就跑，应立即向学校保卫部门报告或呼救，同时利用周围的灭火器和其他可利用的工具、物品积极进行扑救。

第二，要立即切断电源，关闭燃气和其他可燃、助燃气体的阀门，防止火势加大。

第三，要根据不同物质燃烧情况，选用不同的灭火器材，有效灭火。如果有带压力的容器着火，要边救火，边用水冷却容器，防止高温爆炸。

第四，火灾短时间未能扑灭，而且火势增大时，要在继续控制火势蔓延和扩大的同时，立即拨打 119 火警电话报警。

第五，在可能的条件下，要迅速转移火场和火场附近的易燃易爆物品及遇水易燃物品、高压容器、贵重物品和资料等。

第六，在烟雾不大、条件许可时，救火人员可在火场较远处用消防水龙带喷水降温，控制火势。

第七，参加救火的人员也要防止被火烧伤，防止吸入燃烧时产生的有毒气体而中毒，尽量减少伤亡。

第八，如有人受到火焰围困，救火人员的首要任务就是把受围困的人员抢救出来。

第九，做好火灾现场的警戒，限制无关人员进入火场。

第十，保护火灾现场，协助消防机关调查处理火灾事故。

4. 报火警的方法

（1）要沉着冷静，正确拨打 119 火警电话，听到接警人员问话后，再报警。

（2）要报告清楚发生火灾的单位名称和地址、着火的地域、着火物质、火势大小、是否有人被困以及报警人的姓名、联系电话等。

（3）要按接警人员的提问，有序如实回答，不要惊慌。

（4）确定消防接警人员受理报警后，即可挂断电话，并立即到关键路口等候，引导消防车迅速、准确到达火灾现场。

（5）在向 119 报警的同时，要向学校保卫处和“校园 110”报警服务中心报警。保卫处组织保卫人员和义务消防队及时扑救火灾。

5. 参加救火注意事项

火警就是命令，火场就是战场。对初起火灾，发现者都应积极参与扑救。在救火现场应该做到：第一，一切行动听指挥，不擅自进入火场。第二，注意自身和在场人员的安全，避免不必要的伤亡。第三，提高警惕，防止现场物品失窃。第四，保护现场，以利救灾和事后调查处理。

（二）灭火器的分类及使用

按照燃烧物质的性质，火灾可分为 A、B、C、D、E 五类（也称国际统一分类法）：A 类为固体物质火灾；B 类为液体物质火灾或可溶化为液体的固体物质火灾；C 类为气体物质火灾；D 类为金属类物质火灾；E 类为带电燃烧的火灾。与此相适应，使用的灭火器也不一样。

1. 灭火器的分类

常用灭火器的种类和适用范围如下表所示：

种类	适用范围
干粉灭火器	干粉灭火器多为手提式，又分为 ABC 干粉灭火器和 BC 干粉灭火器。前者适用范围广泛且较经济实用，可扑救 A、B、C 类火灾，即可扑救固体火灾、液体火灾、气体火灾和电压低于 5 000V 带电物体火灾。后者适用于扑救 B、C、E 类火灾，即可扑救液体火灾、气体火灾和电气设备的初起火灾。
二氧化碳灭火器	二氧化碳灭火器又有手提式的和推车式的，适用扑救 A、B、C、E 类火灾，即可扑救固体火灾、液体火灾、气体火灾及带电物体、精密仪器火灾。
1211、1301 灭火器	适用于扑救除金属类物质火灾之外的所有火灾，尤其适用于扑救精密仪器、计算机、珍贵文物及贵重物资仓库等的初起火灾，灭火效率高。
泡沫灭火器	泡沫灭火器又分为手提式泡沫灭火器、推车式泡沫灭火器和空气式泡沫灭火器。适用于扑救一般 B 类中的油类火灾，可扑救油制品、油脂等火灾，也可适用于 A 类火灾。
酸碱灭火器	酸碱灭火器通常是手提式的，利用器内两种灭火剂混合后喷出的水溶液扑灭火灾，适用于扑救竹、木、棉、毛、草、纸等一般可燃物质的初起火灾，但不宜用于扑救油类、忌水和忌酸物质及带电设备的火灾。
沙土、石墨粉灭火器	适用于扑救可燃金属燃烧的火灾。

2. 常见灭火器材的使用方法

（1）干粉灭火器的使用方法。干粉灭火器内充装的是干粉灭火剂，是用于灭火的干燥且易于流动的微细粉末，由具有灭火效能的无机盐和少量的添加剂经干燥、粉碎、混合而成微细固体粉末组成，通常是碳酸氢钠干粉和磷酸铵盐干粉。碳酸氢钠干粉灭火器适用于易燃、可燃液体、气体及带电设备的初起火灾；磷酸铵盐干粉灭火器除可用于上述几类火灾外，还可扑救固体类物质的初起火灾。但都不能扑救金属燃烧的火灾。

灭火时，可手提或肩扛灭火器快速奔赴火场，在距燃烧物 5 米左右处，放下灭火器。如在室外，应选择在上风方向喷射。使用的干粉灭火器若是外挂式储压式的，操作者应一手紧握喷枪、另一手提起储气瓶上的开启提环。如果储气瓶的开启是手轮式的，则向逆时针方向旋开，并旋到最高位置，随即提起灭火器。当干粉喷出后，迅速对准火焰的根部扫射。使用的干粉灭火器若是内置式储气瓶的或者是储压式的，操作者应先将开启把上的保险销拔下，然后握住喷射软管前端喷嘴部，另一只手将开启压把压下，打开灭火器进行灭火。有喷射软管的灭火器或储压式灭火器在使用时，一手应始终压下压把，不能放开，否则会中断喷射。

用干粉灭火器扑救可燃、易燃液体火灾时，应对准火焰要部扫射，如果被扑救的液体呈流淌燃烧时，应对准火焰根部由近而远，并左右扫射，直至把火焰全部扑灭。如果可燃液体在容器内燃烧，使用者应对准火焰根部左右晃动扫射，使喷射出的干粉流覆盖整个容器开口表面；当火焰被赶出容器时，使用者仍应继续喷射，直至将火焰全部扑灭。在扑救容器内可燃液体火灾时，应注意不能将喷嘴直接对准液面喷射，防止喷流的冲击力使可燃液体溅出而扩大火势，造成灭火困难。当可燃液体在金属容器中燃烧时间过长，容器的壁温已高于扑救可燃液体的自燃点，此时极易造成灭火后再复燃的现象，若与泡沫类灭火器联用，则灭火效果更佳。

使用磷酸铵盐干粉灭火器扑救固体可燃物火灾时，应对准燃烧最猛烈处喷射，并上下、左右扫射。如条件许可，使用者可提着灭火器沿着燃烧物的四周边走边喷，使干粉灭火剂均匀地喷在燃烧物的表面，直至将火焰全部扑灭。

（2）二氧化碳灭火器的使用方法。

① 手提式二氧化碳灭火器的使用方法。灭火时只要将灭火器提到或扛到火场，在距燃烧物 5 米左右处，放下灭火器拔出保险销，一手握住喇叭筒根部的手柄，另一只手紧握启闭阀的压把。对没有喷射软管的二氧化碳灭火器，应把喇叭筒往上扳 70~90 ℃。使用时，不能直接用手抓住喇叭筒外壁或金属连线管，防止手被冻伤。灭火时，当可燃液体呈流淌状燃烧时，使用者将二氧化碳灭火剂的喷流由近而远向火焰喷射。如果可燃液体在容器内燃烧时，使用者应将喇叭筒提起。从容器的一侧上部向燃烧的容器中喷射。但不能将二氧化碳射流直接冲击可燃液面，以防止将可燃液体冲出容器而扩大火势，造成灭火困难。

② 推车式二氧化碳灭火器的使用方法。推车式二氧化碳灭火器一般由两人操作，使用时两人一起将灭火器推或拉到燃烧处，在离燃烧物 10 米处停下，一人快速取下喇叭筒并展开喷射软管后，握住喇叭筒根部的手

柄，另一人快速按逆时针方向旋动手轮，并开到最大位置。灭火方法与手提式的方法一样。

使用二氧化碳灭火器时，在室外使用的，应选择在上风方向喷射。在室内窄小空间使用的，灭火后操作者应迅速离开，以防窒息。

（3）1211 灭火器的使用方法。1211 灭火器又分为推车式和手提式。

① 1211 手提式灭火器使用方法。使用时，应手提或肩扛灭火器到火场。在距燃烧物 5 米左右处，放下灭火器，先拔出保险销，一手握住开启把，另一手握在喷射软管前端的喷嘴处。如灭火器无喷射软管，可一手握住开启压把，另一手扶住灭火器底部的底圈部分。先将喷嘴对准燃烧处，用力握紧开启压把，使灭火器喷射。当被扑救可燃烧液体呈现流淌状燃烧时，使用者应对准火焰根部由近而远并左右扫射，向前快速推进，直至火焰全部扑灭。如果可燃液体在容器中燃烧，应对准火焰左右晃动扫射，当火焰被赶出容器时，喷射流跟着火焰扫射，直至把火焰全部扑灭。但应注意不能将喷流直接喷射在燃烧液面上，防止灭火剂的冲力将可燃液体冲出容器而扩大火势，造成灭火困难。如果扑救可燃性固体物质的初起火灾时，则将喷流对准燃烧最猛烈处喷射，当火焰被扑灭后，应及时采取措施，不让其复燃。1211 灭火器使用时不能颠倒，也不能横卧，否则灭火剂不会喷出。另外在室外使用时，应选择在上风方向喷射；在窄小的室内灭火时，灭火后操作者应迅速撤离，因 1211 灭火剂也有一定的毒性，以防对人体的伤害。

② 推车式 1211 灭火器的使用方法。灭火时一般由两人操作，先将灭火器推或拉到火场，在距燃烧处 10 米左右停下，一人快速放开喷射软管，紧握喷枪，对准燃烧处；另一人快速打开灭火器阀门。灭火方法与手提式 1211 灭火器相同。

（4）1301 灭火器的使用方法。1301 灭火器的使用方法和适用范围与 1211 灭火器相同。但由于 1301 灭火剂喷出成雾状，在室外有风状态下使用时，其灭火能力没 1211 灭火器高，因此更应在上风方向喷射。

（5）泡沫灭火器的使用方法。泡沫灭火器的结构图如图 7—2—1 所示。

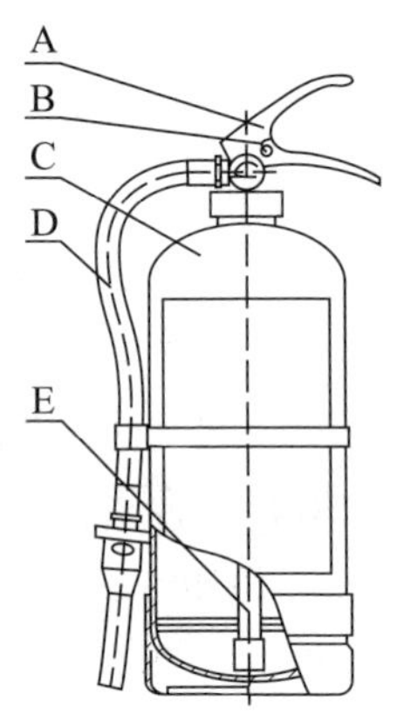

图 7—2—1

注：A. 器头总成，B. 保险装置，C. 筒体总成，D. 虹吸管，E. 喷筒总成。

① 手提式泡沫灭火器的使用方法。可手提筒体上部的提环，迅速奔赴火场。这时应注意不得使灭火器

过分倾斜，更不可横拿或颠倒，以免两种药剂混合而提前喷出。当距离着火点 10 米左右时，即可将筒体颠倒过来，一只手紧握提环，另一只手扶住筒体的底圈，将射流对准燃烧物。在扑救可燃液体火灾时，如已呈流淌状燃烧，则将泡沫由远而近喷射，使泡沫完全覆盖在燃烧液面上；如在容器内燃烧，应将泡沫射向容器的内壁，使泡沫沿着内壁流淌，逐步覆盖着火液面。切忌直接对准液面喷射，以免由于射流的冲击，反而将燃烧的液体冲散或冲出容器，扩大燃烧范围。在扑救固体物质火灾时，应将射流对准燃烧最猛烈处。灭火时随着有效喷射距离的缩短，使用者应逐渐向燃烧区靠近，并始终将泡沫喷在燃烧物上，直到扑灭。使用时，灭火器应始终保持倒置状态，否则会中断喷射。

手提式泡沫灭火器存放应选择干燥、阴凉、通风并取用方便之处，不可靠近高温或可能受到曝晒的地方，以防止碳酸分解而失效；冬季要采取防冻措施，以防止冻结；并应经常擦除灰尘、疏通喷嘴，使之保持通畅。

② 推车式泡沫灭火器的使用方法。使用时，一般由两人操作，先将灭火器迅速推拉到火场，在距离着火点 10 米左右处停下，由一人施放喷射软管后，双手紧握喷枪并对准燃烧处；另一人则先逆时针方向转动手轮，将螺杆升到最高位置，使瓶盖开足，然后将筒体向后倾倒，使拉杆触地，并将阀门手柄旋转 90 度，即可喷射泡沫进行灭火。如阀门装在喷枪处，则由负责操作喷枪者打开阀门。

由于推车式泡沫灭火器的喷射距离远，连续喷射时间长，因而可充分发挥其优势，用来扑救较大面积的储槽或油罐车等处的初起火灾。

③ 空气泡沫灭火器的使用方法。使用时可手提或肩扛迅速奔到火场，在距燃烧物 6 米左右处，拔出保险销，一手握住开启压把，另一手紧握喷枪，用力捏紧开启压把，打开密封或刺穿储气瓶密封片，空气泡沫即可从喷枪口喷出。灭火方法与一般的手提式泡沫灭火器相同。但空气泡沫灭火器使用时，应使灭火器始终保持直立状态，切勿颠倒或横卧使用，否则会中断喷射。同时应一直紧握开启压把，不能松手，否则也会中断喷射。

（6）酸碱灭火器的使用方法。酸碱灭火器是一种内部分别装有 65% 的工业硫酸和碳酸氢钠水溶液的灭火器。它由筒体、筒盖、硫酸瓶胆、喷嘴等组成。筒体内装有碳酸氢钠水溶液，硫酸瓶胆内装有浓硫酸。瓶胆口有铅塞，用来封住瓶口，以防瓶胆内的浓硫酸吸水稀释或同瓶胆外的药液混合。酸碱灭火器的作用原理是利用两种药剂混合后发生化学反应，产生压力使药剂喷出，从而扑灭火灾。

使用时应手提筒体上部提环，迅速奔到着火地点。绝不能将灭火器扛在背上，也不能过分倾斜，以防两种药液混合而提前喷射。在距离燃烧物6米左右处，即可将灭火器颠倒过来，并摇晃几次，使两种药液加快混合；一只手握住提环，另一只手抓住筒体下的底圈将喷出的射流对准燃烧最猛烈处喷射。同时随着喷射距离的缩减，使用人应向燃烧处推近。

高校校园中配备手提式灭火器比较普遍，其使用的步骤示意图如图7—2—2所示。

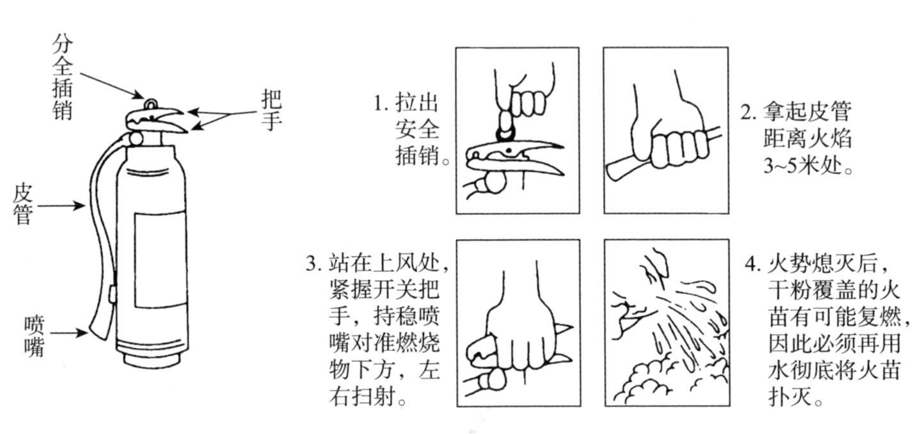

图 7—2—2

使用手提式灭火器灭火应注意：第一，要准确地射击目标，对准火焰的根部，由近及远喷射，快速推进，不留残火，防止复燃。第二，使用灭火器时，一般距离着火点2~10米处开始喷射，距离长短要根据火情大小来确定。第三，操作时，操作人员要站到上风处向下风处喷射，防止喷射物随风吹到操作人员身上，影响灭火效果。第四，扑灭油类火灾时，不要直接喷射油面，防止液体溅出。

（7）消火栓和水龙带的使用方法。除手提式灭火器外，高校校园的建筑物内一般均配备消火栓和水龙带。消火栓是灭火中主要的水源，分室内和室外两种。室内消火栓一般设在楼层或房间内的墙壁上，有玻璃门封挡，里面配有水枪、水龙带。消防栓的使用步骤如图7—2—3所示。使用水龙带灭火时，应先将水龙带一头接在消火栓上，同时将水龙带打开，另一头接上水枪头，一个人紧握水枪对准着火部位，另一人打开消火栓阀门，由近及远进行灭火。使用水龙带救火时，要防止水龙带扭转和折弯，否则会阻断水流通过。在扑救带电火灾前，必须先断电再用水灭火。用水灭火还应注意防止和减少对珍贵书籍、精密仪器等造成水渍侵害，有些金属类火灾禁止用水扑救。

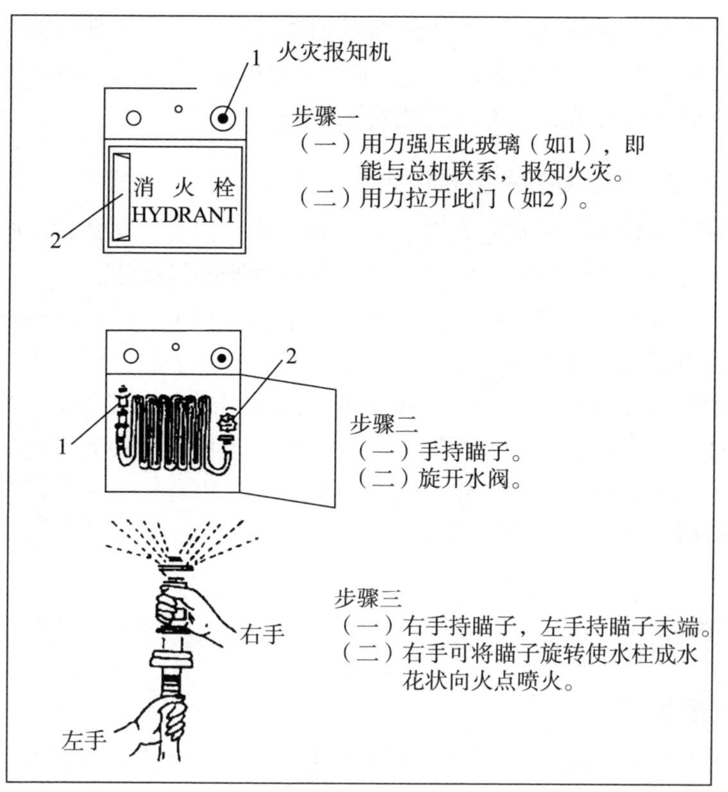

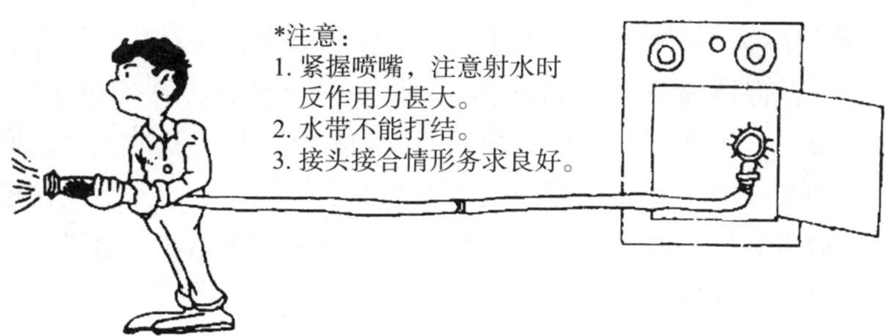

图 7—2—3

第三节　火灾逃生及自救、求救

一、火灾逃生及自救、求救的原则

（一）确保安全，迅速撤离

被大火围困的人员，要抓住有利时机，就近利用一切可以利用的工具、物品，迅速撤离火灾危险区。如果逃生的通道被封死，在无任何安全保障的条件下，不要采取过激行为，以免造成不必要的伤亡。要注意保护自己，等待救援人员开辟通道，逃离火灾危险区。

（二）顾全大局，自救和互救相结合

当被困人员较多，特别是有老、弱、病、残、妇女、儿童在场时，要积极主动帮助他们首先逃离火灾危险区，有秩序地进行疏散。

根据消防专家对火灾伤亡情况的分析，浓烟和有害气体是造成被困人员伤亡的罪魁祸首。国内外大量的火灾案例统计资料表明，因火灾而伤亡者中，受烟气直接致死的占 80%，被火烧死的人中还有一部分是先被烟气熏倒后再被烧死的。有关实验证明，人在浓烟中无任何防护器材时的生存极限为 3 分钟多，在有毒气体中的生存时间更短。因此，当火灾已经进入猛烈燃烧阶段时要设法尽快远离现场。

二、火灾的逃生

（一）通用逃生方法

1. 熟悉环境，暗记出口。如果处在陌生的环境时，为了自身安全，务必留心疏散通道、安全出口及楼梯方位等，以便关键时候能尽快逃离现场。

2. 保持镇静，辨明方向，迅速撤离。突遇火灾，面对浓烟和烈火，首先要强令自己保持镇静，迅速判断危险地点和安全地点，决定逃生的办法，尽快撤离险地。千万不要盲目地跟从人流和相互拥挤、乱冲乱窜。撤离时要注意，朝明亮处（非火光照明处）或外面空旷地方跑，要尽量往楼层下面跑，若通道确实已被烟火封阻，则应背向烟火方向离开，通过阳台、气窗、天台等往室外逃生。

3. 不入险地，不贪财物。身处险境，应尽快撤离，不要因害羞或顾及贵重物品，而把逃生时间浪费在寻找、搬离贵重物品上。已经逃离险境的人员，切莫重返险地。

4. 通道出口，畅通无阻。楼梯、通道、安全出口等是火灾发生时最重要的逃生之路，应保证畅通无阻，切不可堆放杂物或设闸上锁，以便紧急时能安全迅速地通过。

5. 扑灭小火，惠及他人。当发生火灾时，如果发现火势并不大，且尚未对人造成很大威胁时，当周围有足够的消防器材，如灭火器、消防栓等，应奋力将小火控制、扑灭；千万不要惊慌失措地乱叫乱窜，置小火于不顾

而酿成大灾。

6. 善用通道，莫入电梯。按规范标准设计建造的建筑物，都会有两条以上逃生楼梯、通道或安全出口。发生火灾时，要根据情况选择进入相对较为安全的楼梯通道。除可以利用楼梯外，还可以利用建筑物的阳台、窗台、屋顶等攀到周围的安全地点。沿着落水管、避雷线等建筑结构中凸出物滑下楼也可脱险。在高层建筑中，电梯的供电系统在火灾时随时会断电或因热的作用电梯变形而使人被困在电梯内，同时由于电梯井犹如贯通的烟囱般直通各楼层，有毒的烟雾会直接威胁被困人员的生命。

7. 简易防护，蒙口鼻匍匐。逃生时经过充满烟雾的路线，要防止烟雾中毒、预防窒息。为了防止火场浓烟呛入，可采用毛巾、口罩蒙口鼻，然后匍匐撤离的办法。烟气较空气轻而飘于上部，贴近地面撤离是避免烟气吸入、滤去毒气的最佳方法。穿过烟火封锁区，应配戴防毒面具、头盔、阻燃隔热服等护具，如果没有这些护具，那么可向头部、身上浇冷水或用湿毛巾、湿棉被、湿毯子等将头、身体裹好，再冲出去。

8. 避难场所，固守待援。假如用手摸房门已感到烫手，此时一旦开门，火焰与浓烟势必迎面扑来。这时候，可采取创造避难场所、固守待援的办法。首先应关紧迎火的门窗，打开背火的门窗，用湿毛巾、湿布塞堵门缝或用水浸湿棉被蒙上门窗，然后不停用水淋湿房间，防止烟火渗入，固守在房内，直到救援人员到达。

9. 缓降逃生，滑绳自救。高层、多层公共建筑内一般都设有高空缓降器或救生绳，人员可以通过这些设施安全地离开危险的楼层。如果没有这些专门设施，而安全通道又已被堵，在救援人员不能及时赶到的情况下，可以迅速利用身边的绳索或床单、窗帘、衣服等自制简易救生绳，并用水打湿从窗台或阳台沿绳缓滑到下面楼层或地面安全逃生。

10. 跳楼有术，虽损求生。跳楼逃生，也是一个逃生办法，但应该注意的是：只有消防队员准备好救生气垫并指挥跳楼时或楼层不高（一般4层以下）非跳楼即烧死的情况下，才采取跳楼的方法。跳楼也要讲技巧，跳楼时应尽量往救生气垫中部跳或选择有水池、软雨篷、草地等方向跳；如有可能，要尽量抱些棉被、沙发垫等松软物品或打开大雨伞跳下，以减缓冲击力。如果徒手跳楼一定要扒窗台或阳台使身体自然下垂跳下，以尽量降低垂直距离，落地前要双手抱紧头部，身体弯曲卷成一团，以减少伤害。

11. 火已及身，切勿惊跑。火场上的人如果发现身上着了火，千万不可惊跑或用手拍打。当身上衣服着火时，应赶紧设法脱掉衣服或就地打滚，压灭火苗；能及时跳进水中或让人向身上浇水、喷灭火剂则更有效。

（二）其他逃生技巧

1. 宿舍火场的逃生

（1）爬到卧室的门边，用手背试一试门是否发热。如果门很热，那么打开后，烟气及火焰就会扑进房间，危及生命。这时，应退到火势还未到达的房间，然后把门关好，做好逃生准备。关着的门能起暂时保护作用，一个标准的木门可带来 15 分钟的安全期。如果门比较凉，说明火势还未蔓延到这里，你可以沿平时的出口逃生，但要随手关门，这样可以控制火势的发展。

（2）穿过浓烟逃生时，要尽量使身体贴近地面，并用湿毛巾捂住口鼻。因为烟气、热气都是向上运动的，靠近地面的空气比较纯净，温度较低。毛巾可以除烟，而湿布条、湿布块捂严口鼻，可防止高温烟气的侵袭。否则，高温烟气会使人员中毒、窒息而亡。

（3）阳台的巧妙利用。如果房间的门或走廊通向出口的楼梯已被火或烟封住，可以利用阳台转移到相邻房间或楼层，从而逃离起火层。

（4）选择疏散楼梯。现代高层建筑中，发出火警后，走廊里都会亮起指示疏散的装置。要镇静下来仔细观察，选择正确的疏散出口。建筑物内的楼梯按其防火安全性，可分为敞开楼梯、封闭楼梯和防烟楼梯。有的建筑物为了保证人员的疏散还设置了室外疏散楼梯。利用楼梯进行疏散时要注意：下楼梯时要抓住扶手，以防被人撞倒。

2. 居民住宅火灾的逃生

现代的居民住宅居民通常都是单元式的，主要由客厅、卧室、卫生间、厨房、储藏室、阳台等组成部分。单元式居民住宅的火灾特点为：火灾温度高，空气压力大；局部空间内火势猛烈，可燃物多，蔓延快；受困人员复杂，自救能力弱，疏散速度慢，疏散困难；易造成巨大人员伤亡。因此，单元式居民住宅火灾的逃生显得尤为重要，下列为居民住宅逃生的几个方法。

（1）利用楼梯道走廊逃生。在火灾初期，楼道、走廊没有被大火完全封住时，把被子、毛毯或褥子用水淋湿裹住身体，用湿毛巾捂住口鼻，低身冲出受困区。

（2）利用窗户逃生。利用窗户逃生的前提条件是火势不大，还没有蔓延到整个单元住宅，同时是受困在较熟悉的室内的情况下进行的，具体做法是：将绳索（无绳索可用床单或窗帘撕成布条代替）一端系于窗户横框（或室内其他固定构件）上，另一端系于小孩或老人的两腋和腹部，将其沿窗放至地面或下层的窗口，然后破窗入室从通道疏散，其他人可沿绳索滑下。

（3）利用阳台逃生。在火场中由于火势较大，楼道走廊已被浓烟充满无法通过时，可利用阳台逃生。紧闭与阳台相通的门窗，站在阳台上避难，等待消防人员到来。高层单元住宅建筑从第 7 层开始每层相邻单元的阳台相互连通，在此类楼层中受困，可拆破阳台间的分隔物，从阳台进入另一单元，再进入疏散通道逃生。

当房门、楼梯或过道被浓烟烈火封锁，人被围困在房间里无法逃生时，人们只要攀缘阳台边的落水管就有望脱离险境。如果距邻居的阳台较近，可借助木板或竹竿等逃往邻居的阳台；能找到结实的绳索时，将绳系牢在阳台上，还可顺绳而下；即使自己无力逃生，躲避到阳台上的人，也可赢得一些时间来等待消防人员的救援。

从灭火方面来看，阳台不仅是消防人员向楼房燃烧区发起进攻的“战壕”，也是用来抢救人命、疏散物资的重要渠道。消防人员利用阳台做掩护，既便于进攻又便于撤退，而且还便于攀高消防车伸展到阳台上进行灭火和救生。

（4）利用空间逃生。在室内空间较大而火情不严重时可利用这个方法，其具体做法是：将室内（卫生间、厨房都可以，室内有水源最佳）的可燃物清除干净，同时清除与此室相连室内的可燃物，消除明火对门窗的威胁，然后紧闭与燃烧区相通的门窗，并用淋湿的被子、毛毯封堵，防止烟和有毒气体的进入，等待火势熄灭或消防人员的救援。

（5）利用管道逃生。房间外墙壁上有落水或供水管道时，有能力的人可以利用管道逃生，这种方法一般不适用于妇女、老人和小孩。

3. 楼梯着火的逃生

楼梯上着火，要临危不惧，要稳定情绪，保持清醒头脑，想办法就地灭火。如用水浇、用湿棉被覆盖等，如果不能马上扑灭，火势就会越烧越旺，人就有被火围困的危险，这时应该设法脱险。有时楼房内着火，楼梯未着火，但浓烟往往朝楼梯间灌，楼上的人容易产生错觉，认为楼梯已被切断，没有退路了，其实大多数情况下，楼梯并未着火，完全可以设法夺路而出。如果被烟呛得透不过气来，可用湿毛巾捂住嘴鼻，贴近楼板或干脆跑走。即使楼梯被火焰封住了，在别无出路时，也可用湿棉被等物作掩护及早迅速冲出去。如果楼梯确已被火烧断，应该要冷静想一想，是否还有别的楼梯可走，是否可以从屋顶或阳台上转移，是否可以借用水管、竹竿或绳子等滑下来，可不可以进行逐级跳越而下等等。有绳子用绳子，没有绳子用撕裂的被单结起沿绳子滑下，或掷于阳台、屋面上等等，争取尽快脱险。呼救，也是一种主要的解救办法。被火围困的人没有办法出来时，周围群众听到呼救，也会设法抢救，或报告消防队来抢救。

4. 住酒店逃生门的开启

符合规范要求的酒店建筑，房间门距离外部出口或楼梯间的最大距离都会控制在一定范围内，比如高层酒店建筑（高度超过 24 米），房间门到最近楼梯间的最大距离是 30 米（位于两个安全出口之间的房间）和 15 米（位于袋形走廊两侧或尽端的房间）。在此疏散途中的门和楼梯间的门都是开向逃生疏散方向的，只要向外用力，就可以方便打开而不至于浪费时间。有一种疏散用的门，设计上更加周到，它加上了一种特殊五金件，用身体的任何部位推、撞就可以轻易打开，避免了慌忙之中找扶手的麻烦。

（三）火灾逃生误区和禁忌

1. 误区

（1）从进来的原路逃生。这是人们最常见的火灾逃生行为。因为大多数建筑物内部的道路出口一般不为人们所熟悉，一旦发生火灾时，人们总是习惯沿着进来的出入口和楼道逃生，当发现此路被封死时，已失去最佳逃生时间。因此，当进入一幢新的大楼或宾馆时，一定要对周围的环境和出入口进行必要的了解，以防万一。

（2）向光亮处逃生。在紧急危险情况下，人们总是向着有光、明亮的方向逃生。而这时的火场中，光亮之地正是火灾的严重区域。

（3）盲目地跟着别人逃生。当人的生命突然面临危险状态时，极易因惊惶失措而失去正常的判断思维能力，第一反应就是盲目跟着别人逃生。常见的盲目追随行为有跳窗、跳楼，逃（躲）进厕所、浴室、门角等。克服盲目追随的方法是平时要多了解并掌握一定的消防自救与逃生知识，避免事到临头没有主见。

（4）冒险跳楼逃生。火灾时，当选择的逃生路线被大火封死，火势愈来愈大、烟雾愈来愈浓时，人们就很容易失去理智。此时，人们也不要跳楼、跳窗等，而应另谋生路，非火势逼身（特别是位于 3 楼以上时）不可盲目采取冒险行为。当火焰烧进避难空间时，可扒住阳台或窗台等翻出窗外躲避，以求绝处逢生。

（5）从高往低处逃生。特别是高层建筑一旦失火，人们总是习惯性地认为：只有尽快逃到一层，跑出室外，才有生的希望。实际上，盲目朝楼下逃生，可能自投火海。因此，在发生火灾时，有条件的可登上房顶或在房间内采取有效的防烟、防火措施后等待救援。

2. 禁忌

（1）忌惊慌失措。发生火灾时，务必保持镇定，要针对火场情况，因地制宜救火并科学逃生，切不可惊慌失措、乱作一团。

（2）忌忘记报警。遭遇火灾后不能因为惊慌而忘记报警。进入高层建筑时应注意消防通道、报警设备、灭火器材的位置，一旦发生火灾，要立即报警。延缓报警是很危险的。

（3）忌乱开门窗。在室内避难时，乱开门窗会导致大量浓烟涌入室内，温度高，烟气呛，使人无法藏身。

（4）忌乘坐电梯。高层建筑发生火灾，电梯就会断电，很可能将人困在电梯间内，难以逃生。

（5）忌贪恋财物。火灾发生时，首先要保全性命，不要因顾惜财物而浪费时间和体力，失去逃生的时机，更不要为找寻贵重物品而重返火海。

（6）忌方向错误。火势是向上燃烧的，火焰会自下而上地烧到楼顶。遇到火灾时应从高处向低处逃，不要向楼顶上逃生。如迫不得已逃到楼顶，也要站在楼顶的上风方向，向楼下呼救，等待救援。

（7）忌带火奔跑。身上着火后千万别盲目奔跑，否则容易严重烧伤，还会引起新的燃烧点，造成火势蔓延。

（8）忌相互推搡和捡拾掉落物。跑动中不要相互推搡，如果在跑动过程中鞋子、帽子等物品掉了，不要弯腰捡拾，防止拥堵，防止踩踏、摔伤。

三、火灾的自救

（一）自救常识

在火灾中，被困人员应有良好的心理素质，保持镇静，不要惊慌，不盲目行动，选择正确的逃生方法。必须注意的是，火灾现场的温度是十分惊人的，而且烟雾会挡住人的视线。当处于火灾现场时，能见度非常低，甚至在长期居住的房间里也弄不清楚窗户和门的位置，在这种情况下，更需要保持镇静，不能惊慌。

如果被困火灾中，应当利用周围一切可利用的条件逃生，可以利用消防电梯、室内楼梯进行逃生，千万不能乘坐普通电梯。同时，也可以利用阳台、过道以及建筑物外墙的水管等逃生。

发生火灾后，会产生浓烟，遇到浓烟时要马上停下来，千万不要试图从烟火里冲出，在浓烟中采取低姿势爬行。火灾中产生的浓烟由于热空气上升的作用，大量的浓烟将漂浮在上层，因此在火灾中离地面 30 厘米以下的地方还应该有空气，因此浓烟中尽量采取低姿势爬行，头部尽量贴近地面。

在浓烟中逃生，如果防护不当，容易将浓烟吸入，导致昏厥或窒息，同时眼睛也会因烟的刺激，导致刺痛而睁不开。此时可以利用透明塑料袋，大小都可利用，使用大型的塑料袋可将整个头罩住，并提供足量的空气供逃生之用，如果没有大型塑料袋，小的塑料袋也可以，虽然不能完全罩住头部，但也可以遮住口鼻部分，供给逃生需要的空气。使用塑料袋时，一定要充分将其完全张开，但千万别用嘴吹开，因为吹进去的气体二氧化碳较多，效果较差。

（二）自救方法

火场逃生不能寄希望于急中生智，只有靠平时对消防常识的学习、掌握和储备，危难关头才能应对自如，从容逃离险境。

1. 匍匐前进法。由于火灾发生时烟气大多聚集在上部空间，因此在逃生过程中应尽量将身体贴近地面匍匐或弯腰前进。

2. 毛巾捂鼻法。火灾烟气具有温度高、毒性大的特点，一旦吸入后很容易引起呼吸系统烫伤和中毒，因此疏散中应用湿毛巾捂住口鼻，以起到降温及过滤的作用。

3. 棉被护身法。用浸泡过的棉被或毛毯、棉大衣盖在身上，确定逃生路线后用最快的速度钻过火场并冲到安全区域。

4. 绳索自救法。有绳索的，可直接将其一端拴在门、窗档或重物上沿另一端爬下。脚要成绞状夹紧绳子，双手交替往下爬，并尽量采用手套、毛巾将手保护好。

5. 被单拧结法。把床单、被罩或窗帘等撕成条或拧成麻花状，按绳索逃生的方式沿外墙爬下。

6. 毛毯隔火法。将毛毯等织物钉或夹在门上，并不断往上浇水冷却，以防止外部火焰及烟气侵入，从而抑制火势蔓延，增加逃生时间。

7. 竹竿插地法。将结实的晾衣竿直接从阳台或窗台斜插到室外地面或下一层平台，两头固定好以后顺竿滑下。

8. 管线下滑法。当建筑物外墙或阳台边上有落水管、电线杆、避雷针引线等竖直管线时，可借助其下滑至地面，同时应注意一次下滑的人数不宜过多，以免管线损坏而致人坠落。

9. 楼梯转移法。当火势自下而上迅速蔓延而将楼梯封死时，住在上部楼层的居民可通过老虎窗、天窗等迅速爬到屋顶，转移到另一家或另一单元的楼梯进行疏散。

10. 攀爬避火法。通过攀爬阳台、窗口的外沿及建筑周围的脚手架、雨棚等突出物以躲避火势。

11. 卫生间避难法。当实在无路可逃时，可利用卫生间进行避难，用毛巾紧塞门缝，把水泼在地上降温，也可躺在放满水的浴缸里躲避。但千万不要钻到床底、阁楼、大橱等处避难，因为这些地方可燃物多，且容易聚集烟气。

12. 逆风疏散法。根据火灾发生时的风向来确定疏散方向，迅速逃到火场上风处躲避火焰和烟气。

13. “搭桥”逃生法。可在阳台、窗台、屋顶平台处用木板、竹竿等较坚固的物体搭在相邻建筑上，以此作为跳板逃避到相对安全的区域。

四、火灾的求救

火灾发生后，如果消防队早 1 分钟到达现场，就会减少一分灾情。所以，应以最快的速度报告火警，也可以向周围的人求救报告火警；牢记火警电话是“119”。

如果楼里着火了，浓烟滚滚看不见人，可趴下呼救。

被烟火围困暂时无法逃离的人员，应尽量待在阳台、街口等易于被人发现和能避免烟火近身的地方。在白天，可以向窗外晃动鲜艳衣物，或外抛轻型晃眼的东西；在晚上即可以用手电筒不停地在窗口闪动或者敲击东西，及时发出有效的求救信号，以引起救援者的注意。

第八章　当代大学生网络安全教育

随着信息化进程的深入和互联网技术的迅速发展，人们工作、学习和生活对网络和计算机的依赖，达到了前所未有的程度。互联网已经成为大学生交流思想、学习知识、休闲娱乐、获取资讯的重要平台。但信息化犹如一把双刃剑，给我们带来了诸多便利，同时也产生不可避免的安全问题。这些安全问题包括大学生的个人计算机和网络的信息安全、个人的财产以及人身安全。除此之外，网上暴力、反动、迷信、黄赌毒等不良内容的危害性也不容忽视。

第一节　网络安全现状及防范策略

一、网络安全现状

2014 年 1 月 16 日，中国互联网络信息中心（CNNIC）发布第 33 次中国互联网络发展状况统计报告。报告显示，截至 2013 年 12 月，中国网民规模达 6.18 亿，互联网普及率为 45.8%。其中，手机网民达 5 亿。与此同时，网络安全也成为不可避免的问题。据中国互联网络信息中心（CNNIC）2013 年中国网民信息安全状况研究报告,仅 2013 年上半年（注：2013 年 6 月底，网民数为 5.91 亿），遇到钓鱼网站、假冒网站、手机恶意软件、个人信息泄露、账号密码被盗、中病毒或木马等网络安全问题的网民为 5.1 亿人，占网民的 85.4%。

2012 年以来，“90 后”大学生成为高校在校生的最大群体，“90 后”大学生有着鲜明的个性特点，他们的物质条件更为优裕、成长环境更为单一、精神生活更为丰富，他们自我意识强烈，个性张扬，善于利用网络获取信息，新事物接受力及适应力强。同时，这些大学生中对网络的依赖性高、抗压抗挫能力弱和实际交往能力不强的人数也在扩张。在网络使用方面，“90 后”大学生具备前所未有的深度和广度，在信息的接收和使用上也高度依赖网络，根据 CNNIC 调查显示，在校的大专及以上学历人群中互联网使用率在 2013 年接近饱和。

这些大学生都具有一定的网络操作技能，但他们对维护网络安全的法律、法规、条例了解甚少，也普遍缺乏网络安全意识，防范意识更加淡薄，这使得他们在使用网络的过程中出现许多问题。

二、网络安全存在问题的原因

1. 网络安全技术的发展落后于网络技术。随着网络技术的飞速发展，网络开发商在技术、产品革新方面投入巨大，而在安全保护方面投入较少。这使得网络新技术和新产品层出不穷，产品本身的安全性却进展不大，有的还在延续最初产品的安全技术。思科（Cisco）公司的低端路由产品已经从 Cisco 2500 系列发展到 7500 系列，但其每个系列的安全防范密码加密算法基本一致。

2. 计算机软硬件不完善，存在安全隐患。人的认知能力和技术发展是有局限性的，因此在设计软、硬件时，不可避免地会存在一些技术缺陷，这会带来安全隐患。Internet 所用的底层 TCP/IP 网络协议在建立之初并没有考虑安全问题，易受到攻击，极大地影响到上层应用的安全，因此难免会出现安全漏洞。

3. 人为的蓄意攻击。这是网络面临的最大威胁，此类攻击利用软件漏洞、协议漏洞和管理漏洞，试图破坏、篡改、窃听、假冒、泄露和非法访问信息资源，包括网络攻击、计算机病毒、特洛伊木马、网络窃听、邮件截获和滥用特权等多种类型。目前，人为蓄意攻击的实施者主要是网络黑客。

4. 用户缺乏网络安全意识。用户缺乏网络安全意识或安全意识不强，都会给网络系统带来安全隐患，使网络安全机制形同虚设。如网络管理员或网络用户对放任电脑和账号“裸奔”，导致钓鱼、信息被盗等情况时有发生，严重的甚至危及用户资金安全。

三、网络安全防范策略

网络安全是一个复杂的系统工程，需要全方位的防范。从技术上讲，主要由防火墙、防病毒、入侵检测等多个安全组件组成。目前被用户广泛运用的网络安全技术主要有以下几种。

1. 病毒防护技术。在病毒防范中普遍使用防病毒软件。一般的防病毒软件安装在计算机机或者网络服务器上，通过对网络上传输的数据、系统内的文件、内存和磁盘等进行分析扫描，实时监测，发现病毒并将其清除。

2. 防火墙技术。目前，防火墙技术是实现网络安全最基本、最经济、最有效的安全措施之一。防火墙实际上是一种隔离控制技术，它由软件或和硬件设备组合而成，处于网络群体内部网或计算机和外部通道之间，拦截非授权的访问。

3. 数据加密技术。与防火墙相比，数据加密技术是一种主动的防御技术。通过对数据进行加密变换，将其转换成非法入侵者无法识别的字符来保障网络安全，其实质是对以符号位基础的数据进行移位和置换算法。目前主要存在两种加密技术：一种是对称加密，其实现算法主要是 DES；一种是非对称加密，其实现算法主要是 RSA。

4. 入侵检测技术。入侵检测技术通过收集计算机系统及网络系统中的信息，然后进行分析，从中发现网络或系统中是否有未授权或异常现象，并对非法使用系统资源的行为及时判断、记录和报警。入侵检测的作用包括威慑、检测、响应、损失情况评估、攻击检测和起诉支持。

5. 网络认证技术。网络认证技术是网络安全技术的重要组成部分之一。它主要是指对某个实体的身份加以鉴别、确认，从而证实是否名副其实或者是否有效的过程，通过密钥系统为计算机或服务器应用程序提供强大的认证服务。目前，常用的认证方法有基于口令的认证、双因子认证、生物认证、基于智能卡的认证等。

6. VPN 技术。VPN 即虚拟专用网，是依靠 ISP（Internet 服务提供商）和其他 NSP（网络服务提供商），在公用网络中建立起专用的数据通信网络的一种技术，它属于远程访问技术，简单地说就是利用公网链路架设私有网络。通常，VPN 是对企业内部网的扩展，通过它可以帮助远程用户、公司分支机构、商业伙伴及供应商同公司的内部网建立可信的安全连接，并保证数据的安全传输。

第二节　大学生常见网络安全问题及对策

案例 1：广西某独立学院某大二学生，现实生活中不善言辞，但特别喜欢上网、聊天会友。在网上，他口若悬河，是人见人爱的“大众情人”。这使得他心理对上网有种说不出的感觉。上课时老是走神，一边盯着课本或老师发呆，一边想着上网聊天的网友；或者干脆开着手机聊天工具与网友“胡侃”。平时走路、上厕所、吃饭、午睡都会习惯性用手机上网，看网页、关注网友的留言。甚至，经常半夜起床打开电脑到网络上逛逛。长时间的上网，他变得情绪非常低落，无精打采，疲乏无力，食欲不振。他的学业也受到很大的影响，因为挂科门数太多，被学校通报批评。

案例 2：小林，高中时成绩优异，并有文体特长，但是高考发挥一般，仅考上二本学校。刚到大学时，他充满了抱负，但是逐渐发现达不到自己预期。他学习成绩不算突出；在与同学的交往中，也失去了中学时期的中心位置。这些让他倍感冷落。这时，他开始接触网络游戏，并渐渐地在网络游戏中找到了成就感和满足感。在网络中他交到了很多朋友，他们一起在游戏中“攻城拔寨”“侃大山”。一段时间之后，他对网络和游戏有强烈的依赖和冲动感，与同学交流变得更少，性格也变得内向，时有自卑感，对体育、文艺活动兴趣下降，经常逃课，在网吧通宵不归。如一段时间内停止上网、玩游戏，便魂不守舍、心烦意乱、浑身不适。

以上两个案例是典型的网络成瘾案例。案例充分说明，网络心理疾病会严重影响大学生正常的学习、生活，使得他们产生情绪低落、精神不振、兴趣丧失、睡眠障碍、食欲下降、精神运动性迟缓、自我评价降低、思维迟缓等现象，有时甚至出现大量吸烟、饮酒和滥用药物、自杀等现象。

一、网络生理安全

长时间使用电脑或者上网对大学生的身体健康可能会造成伤害，如损伤眼、腰、颈、肩、肘、腕、下肢、皮肤以及内分泌系统、生殖系统等，甚至造成睡眠多梦、神经衰弱、头部酸胀、机体免疫力下降。因此，大学生应养成科学、健康的使用习惯，积极预防上网对身体健康的损害。主要要求有以下几点：

1. 保持正确的操作姿势。

2. 注意用眼卫生，预防“电脑眼”。眼睛与显示屏保持适当的距离（建议 60 厘米以上），显示屏的亮度要合适，同时要注意环境的光线调节，不能过暗。

3. 要选用优质键盘、鼠标。

4. 不要长时间地使用计算机或上网，最好每隔半个小时就休息几分钟，活动一下身体。

5. 尽量选择辐射较低的液晶显示屏。

6. 注意上网环境的选择，尽量去有合法营业资格、有安全保障、照明条件好、空气流通好的网吧，如果在宿舍或在家里，应该经常通风换气。

二、网络心理安全

目前大学生在生活、学习、娱乐中越来越频繁、依赖性地使用网络、计算机，也造成越来越多的人患上网络心理疾病。

1. 预防网络心理疾病

在使用电脑或网路时，要预防以下几种心理疾病：

（1）电脑依赖成瘾。使用者没有明确目的，习惯性、不可控地长时间使用电脑或者网络浏览网页、玩游戏，几乎每天不少于五六个小时，且经常熬夜上网。

（2）网络社交成瘾。在现实生活中与老师、同学交流少，不合群，但是喜欢网络交际，经常上社交网络、微博、微信、QQ 或者通过其他网络交流方式与人沟通、交流，一天不上网，就浑身不自在。

（3）网络色情成瘾。经常上网浏览淫秽色情网页、论坛，收看、下载淫秽色情图像，阅读色情小说等，沉溺在淫秽色情内容当中不能自拔。更有甚者还制作、传播色情淫秽信息，触犯法律。

（4）网络狂躁或抑郁症。一定时间内不能上网，便烦躁不安，产生失落感、空虚感、焦虑感，想找人吵架发泄。有的心理抑郁、无所事事、情感低落、思维迟缓，以及言语动作减少、迟缓。

如果发生上述网络心理疾病，要及时向心理咨询从业人员进行心理咨询，接受心理治疗。

2.“网络综合征”自我诊断

国外心理学家提出八项标准可以自我诊断“网络综合征”：

（1）你是否觉得上网已占据了你的身心？

（2）你是否觉得只有不断增加上网时间才能感到满足，从而使得上网时间经常比预定时间长？

（3）你是否无法控制自己上网的冲动？

（4）每当互联网的线路被掐断或由于其他原因不能上网时，你是否会感到烦躁不安或情绪低落？

（5）你是否将上网作为解脱痛苦的唯一办法？

（6）你是否对家人或亲友隐瞒迷恋互联网的程度？

（7）你是否因为迷恋互联网而面临失学、失业或失去朋友的危险？

（8）你是否在支付高额上网费用时有所后悔，但第二天却仍然忍不住还要上网？

如果你有 4 项或 4 项以上表现，并已持续 1 年以上，那就表明你已患上了“网络综合征”，要及时进行治疗。

案例 1：广西某学院刘同学以每个月 300 元的价格租用一套网络空间，在此空间内上传大量淫秽色情视频、图片、文章来换取点击率以牟取暴利，最终被警方抓获。

案例 2：2013 年 6 月 17 日，桂林某高校韦同学 QQ 号被盗，诈骗分子通过其 QQ 向其大学生男友及同班女同学以遭遇紧急情况需要现金为由发布虚假信息，其男友和同学信以为真，也没找被害人确认，直接向诈骗分子指定的账号转账 600 元。

网络色情泛滥，是导致大学生性错误、性犯罪的原因之一。有些大学生自控能力差或受利益的驱使，沉溺于网络色情、淫秽等不良信息或利用这些不良信息谋取暴利，给自身或他人带来严重的损害。而一些大学生对“虚拟社会”可能产生的危害缺乏戒备，对“网络虚拟人物”盲目信任，自我安全防范意识和自我保护能力较弱。这两种现象提醒大学生应该提高对网络世界的虚拟性、游戏性和危害性的认识，培养正确对待网络的心态，增强自控能力，自我保护，自我约束，将网络不良信息的危害降低到最小程度。

三、网络信息与安全防范

（一）网络不良信息的安全防范

1. 网络不良信息的分类

网络不良信息是指在互联网上能对人的身体造成损害，给人的精神带来困扰，使人的思想产生混乱，让人的心理变得异常的有害信息。大学生长时间接触网络不良信息，会严重危害自身的身心健康，不能及时有效地鉴别出来，就会产生极坏的影响。目前，主要有以下几类常见网络不良信息：

（1）不良政治类信息。不良政治信息包括发布煽动民族仇恨、民族歧视，宣扬邪教、封建迷信以及反党、反政府等威胁社会稳定和国家安全的信息。这部分信息带有一定的隐蔽性，严重危害着我国的国家安全和社会安定。比如，“法轮功”邪教组织经常通过电子邮件发布歪理邪说，甚至煽动学生退团、退党，颠覆党和政府。

（2）色情类信息。网络上的色情类信息主要指一些网站、论坛散布含有淫秽、色情内容的影像、动画、图片、小说。迷恋网络色情对大学生最直接、最明显的影响是扭曲他们性观念，冲击他们的性行为，损害他们的身心健康甚至走向性犯罪。在时间上的瞬间性和空间上的无边界性，使得色情类信息可以毫无障碍地传播。目前，色情类信息已成为公众举报的数量最多的不良信息之一。

（3）暴力类信息。暴力类信息是指以一种非理性的方式宣传暴力、凶杀、血腥、绑架、强暴、战争和恐怖等内容的信息。这些信息往往以一些非法游戏为载体，场面、内容刺激，对大学生有极大的吸引力。大学生往往会感到好奇，产生兴趣，从而歪曲他们的价值观。有的甚至还会效仿而伤害他人，触犯法律、法规。

（4）虚假类信息。虚假类信息，指内容不真实的网络信息。在网络上，发布信息简易，传播速度快，发布者易隐匿。因此，虚假信息在网络传播中孳生繁衍十分猖獗，虚假广告、新闻、身份、中奖、招聘信息，各种不真实信息在网络上层出不穷。

（5）垃圾类信息。垃圾信息通常包含虚假和欺诈的广告宣传、传销、骚扰、色情、病毒、恶意代码、反动和封建迷信等内容，这些垃圾信息无处不在，几乎所有的网民都曾遭受其骚扰，甚至出现了诸多危害国家安全和社会治安以及侵害他人合法权益的现象。其中，网络垃圾邮件是最主要的网络垃圾信息。

（6）违反道德类信息。“违反道德”类信息是指违背社会主义精神文明建设要求、违背中华民族优良文化传统与习惯以及其地违背社会公德的各类信息。主要包括代孕、伴游、赴香港产子、代写论文、代发论文以及一些与黑客技术交流、强制视频软件下载等相关的披着高科技外衣的信息。

2. 网络不良信息的预防及应对

大学生对网络不良信息的侵害，可以通过一些方法进行预防和过滤，主要有以下几点：

（1）增强自控，提高对网络信息的辨别能力。充分认识网络世界的虚拟性、游戏性和危险性，对网络信息时刻保持警惕，理性地看待网络的作用，网络不是逃避现实生活的避风港。

保持正确心态，遵守《全国青少年网络文明公约》。树立自尊、自律、自强意识，善于网上学习，不浏览不良信息；诚实友好交流，不侮辱欺诈他人；增强保护意识，不随意约会网友；维护网络安全，不破坏网络秩序。同时，采取一些必要手段，如安装网络防火墙避免不良信息的骚扰。

（2）浏览内容健康的网页。大学生要浏览内容健康的网页，不要浏览含有淫秽色情、暴力凶杀以及歪理邪说、迷信、反动等内容的网页。可以利用电脑“收藏夹”功能收藏一些内容健康，有益于自身学习成长的网站、网页，树立正确的人生观、价值观和道德观。

（3）不接触不良网络游戏，不沉溺网络。目前，有些网络、网页游戏暗藏不良政治目的或以色情、暴力或恐怖袭击为主题。如果大学生沉迷其中，显然不利于身心健康，同时还荒废了学业；有的大学生通宵达旦玩游戏、上网聊天，导致过度劳累，引发精神疾病或猝死。大学生首先要以学业为重，玩网络游戏、上网聊天应有选择、时间要适宜。

（4）加强自我保护，远离网络陷阱。在网络上，加强自我保护意识，时刻保持警觉，远离网络陷阱。网络陷阱包括恶意网站、不良网络游戏、"黑网吧"、淫秽色情、黑客教唆、邪教、网恋、网络同居、网络裸聊、网上算命、网络免费服务、网络一夜情、网上替考枪手、网络窥探隐私、网上教唆自杀等等陷阱。

（5）经常修改账号密码。账号密码是网络中重要的通行工具，一旦泄露，就会给自身带来很大损失，因此要经常修改。同时，在上网聊天、网络游戏中，注意对自己的账号、密码及相关资料的保护。要填写密码保护信息，绑定手机、安全邮箱。

（6）使用好电子邮箱的管理、过滤功能，预防垃圾邮件。用户可通过设置邮件主题、来源、长度等对电子邮件进行过滤；也可以使用一些专门的反垃圾邮件软件。同时，在浏览网页时应避免到处登记自己的邮箱地址的行为，以免邮箱地址泄露，也不要随便回复垃圾邮件。

（7）多管齐下，防患黑客于未然。对数据加密，保护信息内系统的数据、文件、口令和控制信息等，提高数据传输的可靠性；设置访问权限、目录安全等级控制、网络端口和节点的安全控制、防火墙的安全控制等，建立完善的访问控制策略；制定详尽的入侵应急措施以及汇报制度；安装具有实时检测、拦截和查找黑客攻击程序用的工具软件；下载安装最新的操作系统及其他应用软件的安全和升级补丁，多管齐下，防患黑客于未然。

（二）计算机病毒的安全防范

当前危害我国网络安全的因素很多，其中危害最大的是计算机病毒。计算机病毒实质上是一段可执行程序，它具有广泛的传染性、潜伏性、破坏性、可触发性、针对性和衍生性，传染速度快。计算机病毒可被预先编写在程序里，也可通过软件、网络或者无线发射的方式传播。

计算机病毒的危害主要表现在：致使电脑运行缓慢，消耗电脑内存以及磁盘空间，破坏电脑硬盘以及数据，造成网络堵塞或瘫痪，窃取用户隐私、机密文件、账号（网银账号密码、网游账号密码）信息等。

计算机病毒的预防和应对可以从计算机网络的技术、管理以及基于工作站、服务器的技术几个方面进行。

1. 把预防计算机病毒的技术手段和管理机制紧密结合。预防和应对计算机病毒需要一定的技术手段，也需要提高人们的防范意识。在技术方面，利用防火墙、身份认证、加密、数字签名、实时安全监控等技术防止非法数据进入、非法用户访问，防止非法伪造、假冒和篡改信息，检查网络，了解系统运行是否处于正常状况等。在管理方面，从硬件设备及网络系统的使用、维护、管理、服务等各个环节制定严格的规章制度，安排专人定期用查毒软件检查服务器的病毒情况。对网络系统的管理员及用户加强法制教育和职业道德教育，规范工作程序和操作规程。

2. 基于工作站的防治技术。工作站就像是计算机网络的大门，它的防治病毒方法有三种：一是安装反病毒软件，并定期不定期地检测病毒感染情况；二是插装防病毒卡，实时检测工作站病毒感染情况；三是在网络接口卡上安装防病毒芯片，更加实时有效地保护工作站。

3. 基于服务器的防治技术。服务器是计算机网络的中心，是网络的支柱。目前，服务器病毒的防治方法大都通过防病毒可装载模块，实时扫描服务器，防范病毒。有时也结合插防毒卡等技术，保护服务器不受病毒的攻击。

案例：湖北某医药大学女学生王某，通过网络聊天结识了一个网名叫做“回家的人”的网友罗某。通过聊天，两人逐渐熟悉，并互相留了电话，之后还发展到经常打电话、发短信，甚至见面吃饭，共同出游。某天，罗某以新房装修还差 10 000 元为由，向王某借钱，并许诺一个月之后还请。王某二话不说，就将自己 5 000 多元生活费借给了罗某。从此，罗某消失不见。

随着网络发展，它逐渐成为人们寻找感情对象、交友的一个重要途径。但是，网络交友的安全性令人担忧，因为网络交友而被骗的事件已是屡见不鲜。故网络交友一定要小心谨慎，要善于分析鉴别对方资料的真假，切记过早见面，勿发生借贷关系，更加不要委身于人。

四、大学生网络交友的安全防范

网络的出现扩展了人们的交往空间，成为人们通讯和交往的新方式，素未谋面的两个人，无论何时，无论双方身处何地，只要有网络两人便可以交谈结识。大学生基于生理发育的本能，对友情、爱情等情感的需求迫切需要满足，但学习压力或现实情感压力使部分学生情感压抑，这使他们投向了虚拟网络空间的交友，甚至网恋、网婚。但是网络给大学生带来虚拟感情的同时，也带来了感情的盲目性和随意性，有潜在的一些陷阱和危险。有些居心不良者打着交友的幌子从事各种欺骗和犯罪活动，大学生应该提高警惕，正确鉴别这些不良行为。

（一）常见的网络交友陷阱

1. 与网友见面，财物被盗窃或被诈骗。比如，以借手机打电话为由，骗取手机。在饮料或酒中下药，趁机劫财、劫色。某些经营场所的人员以网络交友为诱饵，骗网友进行高额消费。编造各种理由，骗取他人钱财。以帮忙介绍工作或找人拉关系为由，骗取钱财。

2. 打着交友、网恋的幌子玩弄他人感情，骗吃骗喝，骗财骗色，甚至敲诈勒索、绑架、强奸。

（二）网络交友陷阱的预防

在网络交友时，大学生要充分认识到网络的虚拟性、盲目性和不确定性，时刻保持警惕心，谨防一些心存不轨的网友。

1. 在网络上使用聊天工具时，尽量使用虚拟的信息，尽量避免使用真实的姓名，不轻易告诉对方自己的手机号码、住址等有关个人真实身份的信息。经过一段时间的正常沟通以后，好友之间有了一定的了解，也建立了一定的信任。此时，仍应保持一定的警惕与自我保护意识。不要轻易与网友见面，如要见面也不要带着太多的期盼，因为网络和现实存在差别。

2. 与网友会面时，不要一个人赴约，尽量带上自己信任的同学或朋友。见面时间尽量选择白天，见面的地点最好选在公共场所人较多的地方，不要选择偏僻、隐蔽的场所或酒吧、会所。尽量不喝对方单独买的饮料或酒水。在见面时察言观色，不过多透露自己的身份信息和家庭情况，保护好财物和通讯工具。

3. 在与网友聊天时，不要轻易点击来历不明的网址链接或来历不明的文件，以免中毒或被骗。

4. 网络交友要保持理性和平常心，时刻提醒自己正在做什么。不要强迫自己做使自己或他人不愉快的事情，不要过早过快地投入自己的感情。警惕网络色情聊天。

五、网络欺诈的防范

随着互联网和电子商务技术的飞速发展，网上购物、网上营销、网上理财、网上炒股、网络充值等商务活动日渐寻常。与传统的商务方式相比，网络商务活动更快捷、方便、高效，可以说虚拟的互联网造就了无限的商机，但是潜伏着种种陷阱，这些陷阱让人防不胜防。大学生在进行网络商务活动时，需要了解一些常见的网络欺诈形式，以确保财产安全，避免损失。

（一）常见的网络诈骗陷阱

大学生所面临的网络诈骗陷阱主要有以下几种。

1. 网购诈骗。诈骗者制造虚假购物网站或以“超低价格”“走私货”“免税货”等名义促销商品，使一些人因觉得网站“正规”、低价诱惑或好奇心理而上当受骗。同时诈骗者又以“减少手续费”“交易快捷”“送红包”等借口劝说买家不要使用“支付宝”等安全支付工具，而是直接转账到其指定账户。诈骗者还会诱导买家提前付款，以收取货物订金、保证金等方式诈骗买家。待付款后，诈骗分子便销声匿迹。

2. 网络中奖诈骗。诈骗者通过群发软件向 QQ、微信、微博、飞信、邮箱、网络游戏、淘宝、校内网、人人网等社交网络用户等发布中奖提示信息。当事者按照指定的“网站”“网页”或“电话”进行咨询查证时，诈骗者以中奖需要缴纳所得税、手续费等理由让事主汇款。

3. 网络拍卖诈骗。诈骗者通过网上竞拍网站或虚假竞拍网站，以虚拟的身份注册，以极低的价格拍卖一些贵重物品。由于低价格的诱惑，受骗者通过网上竞价的方式购得商品，但是受骗者付款之后，往往收不到商品，即使收到了商品也与之前竞拍描述的大相径庭。

4. 网上兼职诈骗。诈骗者通过网站或者网上论坛发布“报酬优厚”的网上兼职广告，诱使事主联络。诈骗者通过要求受骗者用手机发送验证短信或拨打电话骗取手机信息费，要求输入银行账号、密码盗取银行卡资金，要求缴纳押金、材料费骗取金钱等等手段诈骗。

5. 网络招聘诈骗。当今绝大多数大学生会通过网络求职。一些诈骗者抓住大学生社会经验缺乏、求职心切的心理实施诈骗。通过招聘网站、高校就业网站发布虚假的人才需求信息，然后冒充用人单位或者猎头收取大学生的押金、中介费、信息费；更有甚者，一些传销组织打着招聘的旗号将大学生带入传销组织。

6.QQ 盗号诈骗。诈骗者通过盗取受害者的 QQ 密码，冒充受害者本人与人聊天对话，捏造手机打不通，但要治病、学车、参加培训班、旅游、购物以及碰到紧急事情等等需要用钱的理由，从而骗取受害者亲戚、朋友、同学的金钱。

7.“网络钓鱼”诈骗。诈骗者首先制作与正规金融机构、电子商务网站或商业传媒机构相类似的山寨网站；然后冒充正规机构发布含有山寨网站网址的欺骗性信息，并通过邮件、网络社交工具、网络游戏、网页虚假广告、手机短信等方式通知受害者，欺骗、诱使受害者告知敏感信息如账号、口令、密码，银行卡密码，信用卡信息等。

（二）网络诈骗的预防

1. 大学生要时刻保持良好的心态，不要贪图小利，对于网上明显价格偏低的商品长个心眼，这类商品不是欺骗诱饵就是以次充好，要提高警惕，谨防上当受骗；不要幻想不劳而获，一夜暴富，不要相信天下掉馅饼的事情，克服贪婪的心理；不要轻易相信 QQ、微信、微博、电子邮件、手机等收到的各种各类信息。

2. 大学生要时刻保持清醒的头脑，一定不要抱有侥幸的心态。要仔细查看金融、营销、购物网站的网址，对于要求提供账号、密码、银行卡卡号与密码的网站更不能大意，需仔细甄别核对，严加防范。

3. 大学生要理智地分析所看到的事情，面对网络中的网友、顾客的网购留言、评价以及诈骗者所营造的“人们争相抢购”的假象，不要盲从。特别是在购物网站购物时要仔细核准卖家的信用值，看是否是刷出来的信用；认真查阅商品描述，对商品品质货比三家；在支付时，不要通过银行、邮局直接转账，一定用第三方支付工具支付。

4. 大学生除自己提高警惕之外，还应采取一些网络安全防范措施，如经常升级防火墙和防病毒软件；经常给系统升级；禁止浏览器运行 JavaScript 和 ActiveX 代码等。

案例 1：2014 年 3 月 15 日，广西某高校法学院女学生覃某上网时，突然页面弹出“恭喜你被‘我是歌手’活动选中，如参加最低会荣获二等奖，奖金 9 万！”的内容，接着又弹出“个人信息填写表”。覃某信以为真，如实填写个人信息并上传。后来，覃某给对方打电话，说不参加这个活动。对方回答说：“你已经填写报名表，如不参加，属于违约，应该支付 2 500 元的违约金。”覃某害怕，就将 2 500 元转账给对方。之后，对方又说需要交 9 万元的个人所得税。此时，覃某才醒悟自己已上当受骗。

案例 2：2013 年 6 月 18 日，广西某独立学院大三学生韦某在某网站上看到招工广告，并根据招聘内容联系上一名叫“小薇”的客户经理。在小薇的提示下韦某填写一张含有身份证号码、个人住址、网银账号、支付宝账号、网银余额等信息的表格。随后，小薇要求韦某支付工作保证金，共计付款 1 600 多元。

案例 3：2013 年 9 月 13 日，桂林某高校大四学生邓某，收到一条内容关于其在淘宝网上购物订单付款过程中出现问题的短信，邓某在没有上网核实的情况下，通过邮政卡将888元直接转账至短信中所写的银行账号。后来，回宿舍上网核准，才知被骗。

案例4：广西某高职学院大一学生杨某在网购时，卖家称其淘宝账号被锁住，需要支付验证码。杨某不假思索就将支付验证码发给对方。结果被骗走4 000元。

案例5：广西某高校大二学生韦某，在网上看到招聘兼职代刷经验、信誉和充点券的广告。于是点击广告，并和客服联系。客服热情地接待了他，并让其填写了份个人信息资料，然后派发一个报酬甚优的代刷网店信誉任务。韦某开始还犹豫，但是禁不住诱惑，就接受了任务。任务中，韦某共计购买指定商品3件，每件1 140元，共计3 420元。完成任务后，客服告之韦某的工资以及垫付的资金要三天后能到账。三天后，韦某查询银行卡，发现自己垫付的资金以及工资并没有到账，才发现受骗。

诈骗者利用网上虚假信息、网站诈骗，一般是利用人们贪婪、单纯、侥幸的心理来诱导和欺骗消费者。面对这些虚假诈骗信息、网站，要靠我们自己提高警惕性和消除贪婪、侥幸心理来防患于未然。大学生一旦发现网上购物、网上营销、网上理财、网上炒股、网络充值等商务活动中存在欺诈行为，要尽量保存如网络聊天记录、交易记录、诈骗者联系方式等证据，同时立即向公安机关报案，或向公安网监部门投诉。

第三节　预防大学生网络犯罪

当前，互联网正深刻地影响着社会的进步和变革，冲击着人们的思想，改变着人们的工作、生活以及学习方式。对于大学生来说，互联网无疑为他们提供了更为广阔的学习空间以及更为及时畅通、立体全面的信息来源渠道。然而互联网成为大学生学习、生活、娱乐、交往等载体的同时，也成为一些误入歧途的大学生犯罪的载体。

一、大学生网络犯罪类型

网络犯罪，是指以网络为犯罪工具或攻击对象，实施危害网络信息安全，危及人们财产安全的犯罪行为。大学生接受新的事物的能力强，具有强烈的好奇、好胜心，是网络犯罪的“易感人群”。网络上并存的多元文化以及多种信息来源，让大学生极易受到外界的刺激，从这点上来说，大学生是网络上的“弱势群体”。调查显示，我国高校大学生经常上网的人数达到 90%，网络的普及为一些大学生网络犯罪提供了广阔空间。

1. 网络侵财犯罪。借用网络非法入侵金融、证券、电信等部门或单位，窃取账号、密码信息，进而非法占有他人的财产或扰乱社会秩序。

2. 网络黑客犯罪。这类犯罪行为主要包括侵入网站、编制病毒进行传播、破译密码的加密方式，攻击网站、篡改网上数据等。

3. 网络色情犯罪。相对来说，大学生心理还不够成熟，缺乏正确的性心理，法律意识也淡薄，再则网络监管制度还不够完善、健全，造成一些大学生制作色情淫秽网站、网页，传播色情淫秽信息，走上网络色情犯罪之路。

4. 网络侵权犯罪。某些大学生出于不正当目的，利用论坛、贴吧、QQ、微博、微信等互联网交流工具对他人的姓名、名誉、行为进行恶意攻击、诋毁，或者非法公开他人的隐私，侵犯了他人的姓名权、名誉权和个人隐私权。

二、大学生网络犯罪的预防

网络犯罪既影响大学生自身的健康发展和前途命运，也会对社会造成危害。大学生网络犯罪的预防可以通过以下几种方式。

（一）加强网络文化引导，强化网络监督管理。

网络文化对大学生产生着深刻而普遍的影响，因此必须加强网络文化对大学生的引导，营造健康向上的网络环境。针对大学生这一群体，积极搭建绿色的社会——校园网络平台，建设大学生教育的主网站，开展符合大学生特点，满足大学生需求，能吸引大学生参与的学习、生活、娱乐、文化、科技活动，引导大学生正确看待、使用网络。同时强化网络监督管理，建立大学生网上行为的监控机制，把网络建设成为系统安全、制度完备、管理规范、信息健康的“绿色网络”，引导大学生积极参与网络管理，培养大学生网络自律意识。

（二）加强网络思想教育，倡导网络文明行为。

网络思想教育是应网络发展而生，现已成为弘扬主旋律、开展思想道德教育的重要手段。通过建设好高校校园网、思政专题网、BBS、微信平台、官方微博等网上思想政治教育阵地，弘扬社会主义核心价值观，引导大学生正确使用网络，明辨是非，严守网络交往道德，规范自身网络行为，从而帮助大学生在主观思想上建起一道防线，自觉抵制网络上黄色、虚假、反动、消极的信息，自觉维护网络安全，建设网络文明。

（三）预防网络犯罪，大学生还应该自觉地遵守网络道德规范。

大学生应该正确使用网络工具，遵守网络道德规范、法规，不浏览有不良内容的网络信息，不参与违法犯罪的网络活动。树立自我保护意识，开展健康有益的网络交往活动。同时，培养网络自律精神。在缺少外在监督的网络空间里，自觉做到自律而“不逾矩”。培养积极健康的网络心理，理性看待网络，合理利用网络资源为自己服务，同时培养多种兴趣和爱好，防止沉迷网络。

第九章　当代大学生心理安全教育

大学时期正处于一个人的青年时期，是一个人身心机能不断趋于完善的阶段，也是一个人心理发展的重要时期。因此，在这一时期要想保证大学生成才，就需要维护其心理健康，并对其进行心理方面的安全教育。

第一节　大学生的身心特点

一、大学生的生理特点

大学生的生理特点，总的来说就是生长发育基本成熟并趋于稳定，具体来说表现为以下几个方面。

（一）外部的形态发育已基本成熟

在经过了青春期骨骼的迅速生长，身高、体重的急剧增长以及性的发育和成熟后，大学生体形日益强健，美感与青春活力也日益增强，并表现出典型的性别特征。

（二）内部的器官已发展健全

心血管系统、呼吸系统、神经系统、内分泌系统等作为生理基础的身体内部器官，与身体外部形态的变化相适应，也逐渐发育健全。良好的心肺功能使大学生生龙活虎、朝气蓬勃；大脑和神经系统的机能达到神经生理发展的顶点，使大学生充满了智慧和活力；内分泌和性机能的日趋成熟，引发了大学生对异性的好奇和对爱情的向往。

（三）机体的功能处在最强健阶段

处于大学时期的大学生的心肺工作效率高，可调适范围大，心肺在学习及运动时功能正常，没有异常不适反应；肾肝功能正常，肠胃功能正常，具备青年阶段应具备的力量素质、速度素质、耐力素质、灵敏素质；机体可长时间承担繁重的体力与脑力劳动，不易疲劳，出现疲劳后也能很快恢复；免疫抗病能力较强，自我修复、自我预防的系统功能较强，不易被疾病侵袭。

（四）体能有显著的增强

大学生随着外部的形态和内部机能的发展与成熟，活动能力和运动能力得以不断提高。有很多大学生在速度、耐力、灵敏度等方面的发展都到达了人生的顶峰。

（五）大脑进入最佳工作状态

遗传和环境两个因素通过各种复杂的方式影响着一个人的智力。经研究表明，大学生的智商平均值高于未考上大学的同龄人，其中不乏高智商的天才。大学生的大脑已充分发育成熟，其智力也发展到高峰。此外，记忆力、想象力、注意力等也都处于最佳状态。

二、大学生的心理特点

就大学生整体的心理发展来看，他们正处在迅速走向成熟而又未真正成熟的水平上，这在他们心理活动的各个方面都有明显反映，并由此形成了不同于中学生和一般社会青年心理发展的基本特点。

（一）自我意识增强，但不成熟

从一般意义上讲，自我意识就是个体对自己的各种身心状态及对自己与周围环境关系的认识、体验的愿望。自我意识的心理过程主要表现在认识、情感、意志三个方面，即自我认识、自我体验和自我控制。在人的心理发展中，自我意识占有重要的位置，其水平的高低是一个人的心理发展成熟与否的标志。

大学生自我意识的增强主要表现在以下几个方面。

1. 注重自我形象的塑造，注重自己在他人心目中的形象。

2. 自我评价、自我教育的能力日益增强，善于根据社会、学校和其他团体对自己的要求，不断地评价自己的思想和行为，从而有效地进行自我教育和自我调适。

3. 自尊心明显增强，责任感、荣誉感、义务感和独立性进一步增强。

4. 随着竞争越来越激烈，危机感加重。

需要注意的是，在自我意识的发展过程中，有些同学也会出现一些偏差，如自傲、自卑、盲目自信、缺乏自控等。如果不把这些偏差处理好，将会导致不同程度心理问题的出现。

案例：来自山区的女生张某，家境十分贫困，但不管是学习还是生活上都事事要强，同学表示帮助时都被她拒绝。本来同学之间的相互帮助很正常，但她认为那是别人对她同情的“施舍”，让她觉得很没面子，从而一意孤行，跟同学的人际关系很糟糕。只要她做得不如别人好，她就会认为别人会在背后议论她，笑话她。她总认为大家因为自己是“农村人”而瞧不起她。

案例中张某存在的问题就是典型的自卑心理，自卑心理不仅让她经常处于一种不良情绪状态，也严重影响了她的人际关系。

（二）情感情绪丰富，但不稳定

情感情绪是人的需要是否得到满足而产生的内心体验的一种特殊反应，是大脑皮层与皮下中枢协同活动的结果。处于青春期的大学生，由于内分泌发展与大脑皮层之间的矛盾性，形成了情绪情感丰富但不稳定的心理特征，具体表现在以下几个方面。

1. 珍视友谊，注重交往。

2. 热情奔放，容易冲动，情绪带有明显的两极性。

3. 性意识觉醒，向往爱情。

（三）意志水平提高，但不稳定

目前，我国高校招生的数量还不能充分满足社会对高等教育尤其是优质高等教育的需要，广大学生及其家长无不对高考升学寄予厚望。在这种情况下，有幸升入大学，特别是比较好的大学的新生就往往以“成功者”“胜利者”的姿态出现。他们在父母、亲朋的赞扬和同学羡慕的眼光下，难免有些飘飘然。但进入大学以后，环境不同了。经过一段时间的互相比较，在这个群英荟萃的新集体中，不少学生慢慢发现自己原来在中学时的优势不存在了，而摆在自己面前的是一种重新分化、改组后的“严重局面”。在这种情况下，有的学生不免出现了消极情绪，个别的甚至“对上大学失去了信心”。而遭受了挫折的自豪感和优越感有的转而产生了自卑和焦虑。这种情况对人的意志是严重的考验，坚强者通常会暗下决心，要默默地赶上去，软弱者就可能自暴自弃，成为新集体中的落伍者。

需要注意的是，大学生在不同的学习、生活阶段，其心理发展特点是不一样的。一般来说，大学生的心理发展要经历适应准备阶段、稳定发展阶段和走向成熟阶段。对每一个大学生个体来说，这三个阶段的时间长短是不一样的，适应性比较强的同学进入大学两三个月的时间就能度过适应准备阶段，有些同学却需要一年甚至更长的时间才能进入稳定发展阶段。另外，在大学生的心理发展过程中，矛盾和冲突在所难免，而正是在解决这些矛盾和冲突的过程中，大学生的心理才一步一步成熟起来。

第二节 大学生心理危机及调节

大学生是风华正茂的一代，其生理、心理均趋向成熟。但由于受人际关系不良、经济困难、失恋、学业受挫等影响，大学生常会出现一些心理危机。

案例 1：2013 年 4 月，复旦大学医学院研究生黄洋遭他人投毒后死亡。经警方初步查明，林某因生活琐事与黄洋不和，心存不满，经事先预谋，3 月 31 日中午，将其做实验后剩余并存放在实验室内的剧毒化合物带至寝室，注入饮水机水槽。

案例 2：2013 年 4 月，山东大学一名大三学生被发现在宿舍楼内轻生。虽经抢救，这名 22 岁的大学生最终还是离开了人世。关于这名大学生的轻生原因，有说法称是因为失恋。不过对此说法，轻生者的父亲给予了否认，他怀疑孩子的自杀与挂科过多受到来自学校的压力有关系。

很显然，上述两个案例讲述的是大学生学习生活中的恶性事件，但诸如此类的案例绝不罕见，频发的校园投毒、暴力事件，自杀行为让我们不寒而栗，是什么导致了这些行为，是什么使得大学生对自我乃至对他人的生命如此漠视？什么是心理危机？心理危机有何表现？心理危机是否必然导致这样的恶劣影响呢？

一、大学生心理危机

心理危机是什么？当个体面对的困难超过他的应对能力时，他就会产生暂时的困扰，这种暂时的心理失调状态就是心理危机。心理危机的产生、发展及激化经历着复杂而微妙的心理过程，几乎每个成长中的个体都会不同程度地经历过心理危机。

（一）大学生心理危机的表现

案例：小林以当地第一名的成绩考入北京某重点高校，第一学期期末，本来信心满怀准备获取奖学金的她未能如愿。她的情绪从此一落千丈，变得郁郁寡欢，无心学习，也无法处理好与同学的人际关系，还整夜失眠。最后不得不去医院精神科检查，结果诊断她是患了抑郁症。

由于大学生思想认识上的不成熟和个性上的不稳定，导致大学生身心发展不平衡，在特定的社会环境和个人生活环境下，大学生的某些心理特点易向消极方向转化，大学生也因此成为心理危机的高发群体。而大学生特殊的身心特点使这个群体成为了心理危机的高发群体。

归纳起来，大学生心理危机主要有以下几个方面的表现。

1. 性格问题。通常来说，性格障碍是较为严重的心理障碍，主要表现为怯懦、自卑、抑郁、依赖、猜疑、神经质、敌对、偏激、孤僻等。

2. 环境适应问题。环境适应问题主要发生在大学新生群体之中。从中学到大学是人生的一个重要转折，在这样一个转变的过程中，受教育环境、家庭因素、成长经历、学习基础等影响很大。而学生一跨入大学的校门，生活方式、学习方式、交往方式、心理方式等都会发生相应的变化，使得很多学生感觉不适应，出现难以消解的苦闷和忧愁。

3. 人际关系问题。人际关系的不协调常常导致大学生出现心理危机。在我国，由于长期受应试教育的影响，多数学生较为封闭，人际交往能力普遍较弱。进入大学后，如何与周围的同学友好相处，并建立和谐的人际关系，是大学生面临的一个重要课题。

4. 学习方式问题。进入大学以后，教师的直接管理减少，而大学生自己独立安排学习进度与支配学习时间的要求大大提高了。此时，有相当大一部分学生会感到明显的不适应，许多困难不能独立克服，因而挫折感增强，不良情绪随之产生，长期下去便会产生某种心理危机。

5. 性与恋爱方面的问题。在大学时期，大学生的性生理发育已经成熟，性心理也有了发展，有了性的欲望和冲动，但由于受到社会道德、法律、理智和纪律的约束，这种欲望和冲动被限制和压抑着。而且，大学生由于对性缺乏健康、科学的认识和态度，对自己的性心理缺乏正确的认知和评价，因而对自己的性心理感到困惑、不适，对性欲和性冲动感到不安、羞愧和压抑。此外，大学生在性心理方面的问题还包括在恋爱方面的困扰，如单相思、失恋、性行为等发生的各种情绪反应等。

（二）大学生心理危机的结局

由生活事件产生的情绪失衡状态并不是持续终生的，大多数学者认为人的心理危机状态大约持续 4~6 周。在这段时间里，由于危机处理方式不同，个体先后经历的危机体验不同、人格特质不同，当事人的结局也不同。一般来说，大学生心理危机的结局通常有以下四种。

1. 渡过危机并从中获得学习和提升，危机成为一种成长的契机，这是理想的结局。

2. 虽渡过危机，但内心留下阴影或伤痕，成为身心发展的潜在危机。

3. 危机直接导致心理障碍或心理疾病的发生。

4. 危机导致自伤（杀）或是伤（杀）人或是其他不良事件发生，如离校、离家出走等。

二、大学生心理调节

由于大学生会遇到一定的心理危机，因而还需要注意对大学生的心理进行调节。在对大学生心理进行调节时，要特别注意对其学业方面、人际交往方面、恋爱方面和就业方面的心理进行调节。

（一）大学生学业方面的心理调节

对于大学生来说，学业关系到其未来的就业和工作问题，因而学业受挫是大学生的主要心理问题。大学生在学业受挫后，应积极进行心理调节，具体来说要做到以下几个方面。

1. 要有坚定的自信心。只有对自己、对环境、对未来充满自信心，才可为既定的目标努力。因此，大学生应正确调适心理，不妄自尊大，不妄自菲薄。那些用负面的眼光去评估自己、环境和未来的人永远不会成功。

2. 要认真对待困难。虽然不是所有的困难都能依靠个人的努力得以解决，但是许多大学生却在刚遇上困难时就表现出惧怕和退缩，更谈不上轻松地接纳困难，从而始终与困难保持距离。

3. 要加强自我肯定。自我肯定是自信心增强的基础，在了解和正确评价自己的基础上，在追求自己的需要、利益和价值中，才会最大可能地选择和驾驭自己的生活。

4. 要正确看待学习的过程与结果。学习是一种追求，需要明确努力的目标。不少大学生过于看重学习的得分结果，而忽视了学习过程中的能力锻炼。因此，应注重如何把握进取的过程，把分数看成是追求过程中的标记。

（二）大学生人际交往方面的心理调节

对于个体来说，认识交往是其基本需要，也是促进其心理健康的重要手段。通常来说，大学生的人际交往主要涉及两个方面，一是同学关系，二是师生关系。

1. 大学同学关系的心理调节

从踏进大学校门开始，大学生就要学习如何处理同学之间的关系。具体来说，应该做到以下几个方面：

（1）要有积极健康的交往情绪。人与人之间的吸引和排斥主要取决于双方情感上的接近或疏远。热情、快乐、亲切、满意等积极的情绪和情感能使人在交往中感到心境宽松、精神舒畅，有利于增进双方的友好关系；而愤怒、冷漠、厌烦、憎恨、不满等消极的情绪和情感会使人感到精神紧张、心境压抑，这种不愉快的体验会阻碍人际沟通。

（2）要树立正确的人际交往观念。大学生在与同学进行交往之前，要先矫正自己对人际交往的认识，明白正确交往是人的正常需要，是光明磊落的行为，对人的身心健康有着不可替代的作用。

（3）要注意主动与人交往。人际交往是一种积极互动的过程，因而只有双方都主动些，才能使交往正常进行，维持长久。通常来说，只要迈出了交往的第一步，以后的交往就不会那么困难。只要在连续的交往中积累经验，进行总结，就可以在以后的交往中发挥优点，克服不足，使自己在交往中做得越来越好，增强自信心和胆量，慢慢地就会乐于与人交往。

（4）要给予自己和他人正确的评价。在交往过程中，正确地评价自己和他人是避免出现问题的前提条件。在学习生活中，把自己与他人进行比较，以此来审视自己，这种做法无可厚非。但在与他人进行比较时，要选择恰当的标准进行客观比较。

（5）要注意以诚相待。真诚、善良、正直、友好、信任等良好的个性品质和人格特征，有利于增进人与人之间的吸引力，有助于建立和维护良好的人际关系。而自私、贪婪、虚假、猜疑、嫉妒、敌意等不良的性格特征，则会妨碍良好人际关系的建立，不利于人与人之间的合作和团结。

（6）要注意诚实信用。许诺别人的事就要履行，这是信用原则的重要表现。当初一本正经地许诺，后来却失信于人，会让人产生一种极强的不信任感，感觉你言而无信，缺乏交往的诚意，甚至会让人觉得你的人品有问题，这是人际交往的大忌。

（7）要做到平等交往。人与人在人格上是平等的，尊重他人才能要求别人尊重自己。要对自己有信心，对别人有诚心，彼此尊重，交往才会持久。不论学习好坏、家庭背景如何、是否是班干部、长得如何，都应得到同等的对待，不要冷落集体中的任何人。

（8）要注意求同存异。在与人交往时，既不能用一种标准去要求他人，也不能太苛求他人。因此，要学会宽容，求同存异。交往是双向的，宽容他人就等于是在宽容自己，苛求他人也就等于是在苛求自己。

2. 大学生师生关系的心理调节

在学校中，师生关系是最重要的人际关系。而且，师生关系的好坏，对大学生的学习有着直接的影响。大学生就要正确处理和老师之间的关系，就需要做到以下几个方面：

（1）要积极培养尊师的感情。作为“传道、授业、解惑”的老师，古往今来都希望自己的学生“青出于蓝而胜于蓝”。学生只有尊重老师的辛勤劳动，才能不辜负老师的期望。而且，人不可能十全十美，老师也不例外。

（2）要正确对待老师的批评。被老师批评时，不管老师的批评是否恰当，大学生都要在面对这些批评时积极对待。如果消极对抗而不是积极面对的话，最终受害的还是自己。遇到老师的批评，特别是某些不恰当的批评，学生也不能失去理智，而是要化委屈为动力，推动自己前进。要知道，自己的成绩优秀才是对老师错误批评的最好反驳。而且，当听到老师的批评时，要先客观、冷静地分析老师为什么要批评自己，自己哪些方面做错了，发生错误的主要原因是什么，自己应该从中吸取哪些教训，怎样做才最有利于解决问题和自身发展。

（3）要积极协助老师的工作。大学生要积极协助老师的工作，帮助老师了解班级真实情况，负责任地提出自己的建议，做老师的好帮手。

（4）要掌握和老师对话的技巧。在与老师交流时，最重要的一点是要学会适当地表达自己的要求与意见。这里说的适当包括恰当的时机、恰当的语气和语言、恰当的行为表现等。不要在老师批评你的时候向老师提出要求，这样会给人一种不礼貌，甚至是耍无赖的感觉。

（三）大学生恋爱方面的心理调节

大学生由于思想观念和心理的成熟度不够，其恋爱往往会因情绪、压力等问题而带来困扰。因此，应注意对大学生进行恋爱方面的心理调节。

1. 不能有以自我为中心的心理。有以自我为中心的心理的人，往往要求恋人围着自己转，听自己的话，为自己服务，迎合自己的性格需要，而不顾对方的需求、兴趣、爱好和价值，因而很难得到异性的爱。因此，必须改变只顾自己的价值观，同时学会关心、尊重别人，只有这样才能具备恋爱成功的基本条件。

2. 不能有从众心理。有从众心理的人，往往对恋人的看法缺乏主见。别人说好则自觉得意，别人说不好则会觉得不理想，因而可能会因随波逐流而断送了自己的爱情。广听众议是好的，但要认真地分析判断，拿定自己的主意。

3. 不能有自卑心理。有自卑心理的人，往往不一定就是条件很差，有的是由于生理缺陷或职业原因或有过某些过失而产生这种心理。有自卑心理的人遇到理想的异性时因担心对方看不起自己，不敢大胆追求而失去时机。这种心理会对自己的爱情产生不利的影响，因而有这种心态的人要振作精神，树立自信、自强的心理。

4. 不能有迷信心理。有迷信心理的人，往往会为了自己的婚姻求神拜佛，算命看相。而这很可能会阻碍青年男女恋爱关系的建立和发展，甚至酿成不幸。因此，有这种心态的人应该树立科学观念，清除愚昧邪说的影响。

5. 不能有求全心理。有求全心理的人，往往把恋人过于理想化，把标准定得太高而超出了实际，极大地缩小了择偶范围，减少了恋爱的成功率。特别是大龄青年，求全心理更为突出，结果一误再误。因此，有这种心态的人要从理想化回到现实中来，及时调整择偶标准。

6. 不能有男权心理。有男权心理的人，往往男性认为男性要比女性强，而女性也认为男性应该比女性强。女方要求男方的地位、文化水平要比自己高些，而男方地位、文化水平低于女方时，则没有勇气去追求女方。这种心理的存在会对自己的爱情产生不利的影响，因而要积极克服这种心理，树立男女平等的思想。

（四）大学生就业方面的心理调节

对于大学生来说，就业问题是关系到其未来的问题，因而就业受挫也是大学生的主要心理问题。对于大学生来说，走出就业受挫的困境是其必须要具备的素质。为此，应积极对自己就业受挫后的心理进行调节，努力做到以下几个方面。

1. 要调整心态，充分准备。大学生要及时了解招聘单位情况，做好求职前的必要准备，如求职材料、服装礼仪等。求职面试时要怀着“我一定会成功”的坚定信念，注重面试技巧，适时推销自己。

2. 要正视社会现实。大学生在就业过程中，只有了解社会现状，才能更好地正视社会、适应社会，进而发挥自身潜能，为社会做出贡献。

3. 要积极融入新环境，适应新岗位。大学生在到了新工作单位后，要以积极的心态主动参加单位的各项活动，尊敬领导和同事，团结他人，尽快适应新的工作环境、生活环境、职业岗位和人际环境。

4. 要谨慎谦虚，敢于竞争。大学生在刚刚参加工作时往往志向远大，但由于缺乏经验，工作中难免弄巧成拙。因此，在实际工作中，大学生对领导、同事的善意批评要正确认识，虚心接受别人意见，平时要主动干一些打开水、清扫卫生等小事，从小事做起，一步一个脚印。同时，大学生也要敢于竞争，要有积极的竞争意识，要从实际出发，充分考虑自己的专业、性格、爱好，扬长避短，发挥特长，关键时刻显身手。

5. 要积极调整择业期望，目光长远。大学生在择业时，往往会由于对工作环境、工资收入、福利待遇、职业地位等要求过高而求职遇挫。这时，大学生不妨调整期望值，放下包袱，分析失败原因，采用“分步达标”的办法，先就业再择业，最终实现自己的愿望。

第十章　当代大学生涉及邪教与毒品的安全教育

邪教组织具有反科学、反社会、反人类、反政治的邪恶本质。目前有邪教组织通过各种途径对高校校园进行渗透，引诱大学生向邪教靠拢，严重影响了校园的安全稳定，毒害了大学生的心灵，危害了大学生的健康成长及财产安全。大学生要深刻认识邪教的本质和巨大危害，旗帜鲜明地反对邪教。与此同时，大学生还要学会抵制诱惑，科学地认识毒品的危害，自觉维护社会稳定和法律秩序，做遵纪守法的合格公民。

第一节　崇尚科学 拒绝邪教

一、邪教的含义

邪教组织是指冒用宗教、气功或者其他名义建立，神化首要分子，利用制造、散布迷信邪说等手段蛊惑、蒙骗他人，聚敛钱财，发展控制成员，危害社会的非法组织。

二、邪教与宗教的区别

邪教和宗教都是人类社会发展的产物，都是存在于人们意识形态领域的观念，都崇拜现实世界之外的超自然力或实体，重视对组织成员进行教义灌输，强化教派对成员的精神吸引和心理依赖。但邪教与宗教依然有本质上的区别。

1. 从崇拜对象来看，宗教的神是客观的神即超越自然的东西或已死去的人，它和现实的活着人是有区别的；而邪教的神是主观的神，即活着的教主。

2. 从教义性质和结构来看，宗教的传教活动是公开合法的，不搞迷信，有完备的信仰理论体系，而邪教活动则大多是不公开的，往往搞迷信，其教义都是危言耸听的歪理邪说。

3. 从社会作用上来看，宗教并不反社会、反人类，劝人向善，通常有利于社会稳定；而邪教则反社会、反人类，引人向恶。

4. 从管理、追求目的来看，宗教不贪图财、权、色，一般不会限制和侵害信徒的人身自由、财产权利，追求的是彼岸世界的精神利益；而邪教追求世俗的此岸世界的物质利益，通常会非法限制和侵害信徒人身自由，掠夺信徒的钱财。

三、邪教对大学生的渗透

（一）邪教向高校渗透的特点

1. 以心理关爱来诱惑大学生。大学生一般远离家乡和亲戚朋友在外求学，面对全新的生活、人际环境，会出现诸多不适应，在思想上出现迷茫、疑惑等问题，心理上产生孤独、苦闷、痛苦、空虚等情况。这时，他们渴望心理的慰藉和关怀，渴望真正的友谊和无私的帮助。邪教分子利用大学生的这些弱点，以同学、老乡的身份，用虚假的教友感情蒙蔽和拉拢大学生，使他们向邪教靠拢。

2. 以批判现实问题招徕大学生。大多数的大学生在求学期间，尚未形成成熟的世界观、人生观、价值观，面对复杂多变的社会环境，以及现实生活与理想生活的差距，他们心理会产生无助感、失落感，思想上也会出现困惑，对于社会现实问题也会出现非理性、偏激的看法。邪教分子抓住这点，大肆批判社会存在的现实问题，同时宣扬建立新的理想社会主张，来博得大学生的好感和信任，从而动摇大学生的共产主义信仰。

3. 以世俗教义来笼络大学生。现在大学生面临着来自学习、就业、情感、生活、家庭等诸多方面的压力，这使得大学生精神、生理上经常遭受着困扰，他们希望得到释放、摆脱。邪教分子的世俗化教义往往与大学生学习就业、恋爱情感、评优评先、未来前途联系在一起，仿佛能预示和左右他们的一切。因此一些大学生在现实世界遭受到挫折时，转而寄托于虚幻世界，放弃现实的努力，加入邪教组织，希望邪教能解决现实生活中的难题。

4. 互联网成为其重要的传播途径。互联网传播具有速度快、范围广、效果好的特点。大学生经常通过互联网获得信息。邪教组织利用这点，纷纷建立自己的网站和网页，利用网络传播邪教思想。同时，通过电子邮件、QQ、微信、微博等网络社交平台向大学生散布邪教教义和反动言论。

（二）邪教对大学生的危害

1. 动摇大学生的共产主义信仰。邪教组织大搞教主崇拜，树立教主绝对权威，对加入邪教组织的大学生进行精神控制，强制大学生放弃原有正确的世界观、人生观、价值观，放弃人类一切进步的思想、文化，接受其邪教言论，严重动摇大学生对社会主义制度的信心，对共产主义的信仰。

2. 严重损害大学生人身、财产安全。邪教分子组建邪教组织的目的就是暴敛钱财。大学生一旦加入邪教组织，就会被要求花费大量金钱购买邪教组织的书籍、影像资料。人身自由会被限制，被灌输歪理邪说，被控制思想言论，甚至身体被摧残，被诱导自杀，被剥夺生命。

3. 严重影响大学生的学习、生活秩序。邪教思想在大学生中间的传播，使得一些大学生痴迷邪教思想和活动，对学习、生活丧失兴趣，导致他们无心向学，无心经营生活。个别大学生甚至给身边的教师、学生灌输邪教思想，严重扰乱高校正常的学习、生活秩序。

四、大学生要崇尚科学，反对邪教

邪教是毒害大学生的精神鸦片，具有很强的危害性和破坏性，影响着高校的安全稳定。因此，学校要采取有效措施，让大学生充分认识邪教的本质，自觉抵制邪教诱惑，健康成长。

（一）崇尚科学

科学技术是第一生产力。科学是关于自然、社会、思维的知识体系，是关于事理、物理和机制的知识，是推动历史进步的杠杆和基石。通过学习和应用科学，人们就能正确的认识客观世界和主观世界。大学生学科学、爱科学，掌握科学知识，崇尚科学，培育科学精神，增强理性力量，就能识破邪教组织的真面目，就能看穿邪教组织的神秘及其所标榜的特异功能、超能力，就能破解邪教组织所利用的一切巫术和障眼法。

（二）努力学习

大学生要自觉学习马克思主义思想，学习中国特色社会主义理论，用历史唯物主义和辩证唯物主义武装自己的头脑，树立正确的世界观、人生观、价值观，提高辨别能力，认清邪教与宗教的区别。

（三）警惕非法传教

我国公民依法享有宗教信仰自由的权利，但宗教活动必须在法律允许的范围内进行。我国法律规定，宗教活动不得妨碍国家教育制度。高校是进行教学与科研活动的场所，任何人在校园内传教都是非法的，既妨碍了国家教育制度，又超出了法律规定的宗教活动的范围。了解西方文化与接受其宗教教义，二者是不同的。大学生要学会识别并警惕非法传教，不参与任何形式的非法传教活动。同时要拒绝邪教的一切宣传活动，拒绝邪教向我们的渗透，拒绝邪教向我们家庭的渗透，发现有人散布邪教思想时，有责任和义务及时向学校或公安机关报告，还要防止一些不法分子通过讲学、学术研究、文化交流等渠道进行各种宗教渗透活动，以防陷入反动宗教组织的陷阱而不能自拔。

（四）积极实践

大学生要多参加健康有益的社会活动，深入社区、乡村，通过各种形式的社会实践活动，宣传马克思主义唯物论、无神论，普及现代科学文化知识，在全社会大力弘扬科学精神，带头实践文明健康的生活方式，积极参加丰富多彩的文化娱乐活动，不给形形色色的邪教组织任何可乘之机。

第二节　远离毒品 珍爱生命

根据公安部禁毒局公布的数据，截至 2014 年 4 月底，全国登记在册吸毒人员 258 万人，按吸毒人员显性与隐性比例计算，我国实际吸毒人数超过 1 000 万人。其中，35 岁以下的青少年占登记在册吸毒人员的 75%。从以上数字可以看出，我国面临的禁毒形势依然严峻，青少年成为我国毒品消费的主要群体，也已成为最易受到毒品侵害的“高危人群”。

生命是宝贵的，人的生命只有一次，人的生命也是实现人生价值造福社会最重要的物质基础。“身体发肤，受之父母，不敢毁伤”，大学生要珍爱生命，切忌自我伤害，甚至于自行草率地结束生命。应学会情绪管理，化解烦恼，知道在出现心理危机时寻求帮助，让生命充满阳光。

本节将从禁毒教育和生命教育两方面，与大学生探讨安全问题。

一、远离毒品，健康生活

（一）毒品的定义

毒品，是指鸦片、海洛因、甲基苯丙胺（冰毒）、吗啡、大麻、可卡因以及国家规定管制的其他能够使人形成瘾癖的麻醉药品和精神药品。根据毒品成瘾的特点，从毒品的自然属性来看，毒品可分为麻醉药品和精神药品。从毒品流行的时间顺序看，可分为传统毒品和新兴毒品。传统毒品一般指鸦片、海洛因等阿片类流行较早的毒品。新兴毒品主要是指冰毒、摇头丸、K 粉等人工化学合成的致幻剂、兴奋剂类毒品。

（二）常见毒品介绍

1. 安非他命。安非他命俗称“冰”“糖”，无味、无色，形状有多种，有状似冰糖者，因此被吸食者称为“冰块”或“糖”，而以“吃冰”为吸食之暗语；也有形似味精之结晶透明状；也可研磨成如面粉之粉末状。近期又发现如水般之液态安非他命。其吸食方式，可吞食、注射，或置于锡箔纸上用打火机于下方加热成烟后，用鼻吸入，由于其烟形如龙蛇状，所以吸食者以鼻追烟，而有“追龙”之暗语。

吸食安非他命一次约 120 毫克，即可能致死。一般而言，一次使用 10~12 毫克以上，即会有显著的头痛、不安、焦躁、盗汗、口渴、咬牙、血压上升、重复无意义的行为、不规则异常运动、心悸亢进、意识模糊、无法安静等中毒现象。长期使用者有易怒，注意力散漫，记忆力减退，强烈倦怠感，形似精神分裂症之幻觉、幻听、幻视以及被害妄想等症状，而且会因无法忍受无力感、疲劳感、不快感，强烈渴望药效，因此造成强烈的心理依赖。

2. 鸦片。俗称“大烟”“烟土”，系草本植物罂粟未成熟果实用刀划开后所流出的白色汁液，风干后浓缩加工处理而成褐色膏状物。采集所得即为生鸦片。生鸦片俗称“生泥”，经加热煎制变成熟鸦片，俗称“熟膏”或“福寿膏”。一般鸦片的使用者都使用熟鸦片，使用时可吸食，亦可吞服。

3. 吗啡。是鸦片的主要有效成分，是鸦片经过提炼出来的主要生物碱，为有白色光泽的结晶粉末状，有酸味。吗啡成瘾者常用针剂皮下注射或静脉注射。它对呼吸中枢有极强的抑制作用，过量吸食吗啡后出现昏迷、瞳孔极度缩小、呼吸受到抑制，甚至会出现呼吸麻痹、停止而死亡。

4. 海洛因。亦称盐酸二乙酰吗啡。其来源于鸦片，是鸦片经特殊化学处理后得到的产物，属于合成类麻醉品。海洛因是白色、米色、褐色、黑色等色泽的粉末、粒状或凝聚状物品，多数为白色结晶粉末，极纯的海洛因俗称“白粉”。海洛因与吗啡具有同样的镇痛效果，但毒性较吗啡强十倍。海洛因具有成瘾快，毒性烈的特点。海洛因对人的呼吸中枢有直接的抑制作用，从静脉直接注入的海洛因迅速通过血脑屏障抑制了呼吸中枢，造成急性中毒。

5. 大麻。是一年生草本植物，通常制成大麻烟吸食，或用麻醉剂注射，有毒性，属于中枢神经兴奋、抑制剂之幻觉剂，原产于印度。吸食大麻后，会有陶醉感、颓废、无方向感，对时间、空间感觉也时常扭曲。长期吸食会出现人格障碍、双重人格，人格解体，记忆力衰退、迟钝、抑郁、头痛、心悸、瞳孔缩小和痴呆，同时会产生心理妄想、疑神疑鬼的精神异状，偶有无故的攻击性行为。

6. 可卡因。是从植物叶片中提炼出来的生物碱，其化学名称为苯甲基芽子碱。它是一种无味、白色薄片状的结晶体。毒贩贩卖的是呈块状的可卡因，称为“滚石”。可卡因服用方式是鼻吸。可卡因是最强的天然中枢兴奋剂，对中枢神经系统有高度毒性，可刺激大脑皮层，产生兴奋感及视、听、触等幻觉；服用后极短时间即可成瘾，并伴以失眠、食欲不振、恶心及消化系统紊乱等症状；可导致精神逐渐衰退，还可导致偏执呼吸衰竭而死亡。

7. 冰毒。化学名称叫甲基苯丙胺，是以麻黄素为原料，经提炼合成出来的一种白色细微状结晶物质，其形状与普通冰块相似，故称之为“冰毒”。“冰毒”最大的特点是第一次使用便会上瘾，毫无办法解脱，因此它被称为“毒品之王”。它能大量耗尽人的体力和免疫功能，长期服用会导致情绪低落及疲倦，精神失常，损害心脏、肾和肝，严重者甚至死亡。

8. 摇头丸。是甲基苯丙胺类兴奋剂中的一种，是由冰毒衍生物及其他化学物质合成的。具有强烈的中枢兴奋作用。服用后，会使人体中枢神经系统、血液系统极度兴奋，摇头不止，行为失控，思想偏执，极易引起危害社会的行为。

（三）吸毒的危害

1. 身体产生依赖。毒品作用于人体，使人体体能产生适应性改变，形成在药物作用下的新的平衡状态。一旦停掉药物，生理功能就会发生紊乱，出现一系列严重反应，即所谓的戒断反应。如出现不安、焦虑、忽冷忽热、起鸡皮疙瘩、流泪、流涕、出汗、恶心、呕吐、腹痛、腹泻等，使人感到非常痛苦。

2. 心理产生依赖。毒品进入人体后作用于人的神经系统，使吸毒者出现一种渴求用药的强烈欲望，驱使吸毒者不顾一切地寻求和使用毒品。一旦出现精神依赖后，即使经过脱毒治疗，在急性期戒断反应基本得到控制后，要完全康复原有生理机能往往需要数月甚至数年的时间。

心理依赖性的产生有两个方面的动力：一是不断追求吸毒后产生的"似神如仙"的效果或感受，而产生继续使用该毒品的强烈欲望；二是为了逃避停药时出现的烦躁、不安等心理反应而渴望继续用药。

3. 危害人体的机理。毒品破坏人体的正常生理机能和新陈代谢，对人体的神经系统、呼吸系统、消化系统、免疫系统等产生危害，导致身体病变，抵抗能力下降，吸毒过量还会造成突然死亡。全世界每年因吸毒致死和丧失劳动能力的人分别是 250 万和 1 000 万以上。自幼吸毒者平均寿命不足 40 岁。吸毒者平均寿命较一般人群短 10~15 年，25% 的"瘾君子"会在 30~40 岁死亡。吸毒者的自杀率较一般人群高出 10~15 倍。同时，吸毒还会诱发艾滋病。

4. 丧失理智。毒品使人丧失人性、理智和信念，对学习、工作及任何事物毫无兴趣。吸毒者犯起毒瘾来恰似"万刀刺骨，乱箭穿心"，感到生不如死，常常采取自残、自杀行为以求解脱。

5. 祸及家庭。家庭中一旦出现了吸毒者，家便不成其为家了。毒品消费昂贵至极，一旦染上毒瘾，即使有万贯家财也必将耗损殆尽，以致最终家徒四壁，一贫如洗，贫病交加，妻离子散，家破人亡。所以，一人吸毒，全家遭殃。

6. 危害社会。毒品问题诱发其他违法犯罪，破坏正常的社会和经济秩序。贩毒本身是受我国刑法严厉打击的一种犯罪行为，吸毒行为会导致吸毒者为了毒资而从事盗窃、抢劫、诈骗等各种犯罪活动，扰乱了社会治安，给社会安定带来巨大威胁。影响人们的正常生活。

（四）大学生吸毒的原因

1. 个人主观原因

（1）好奇心驱使，逐渐发展成瘾。好奇心强是青年的一大特点。正是在好奇心的驱使下，或者在朋友的引诱下，有些大学生抱着尝试的心态吸食毒品，最终陷入无法自拔的境地。

（2）自信心强，相信吸毒上瘾后会戒掉。一般来说，大学生自信心强，相信吸毒上瘾后能戒掉。当真正染上毒瘾后，便深陷其中依赖成瘾，戒不掉。

（3）因治疗疾病，长期服用某种产生依赖性的药物而成瘾。某些毒品也是药品，在某些疾病治疗过程中它确实发挥着不同寻常的作用。但长期使用一些能使人产生依赖性的药物，也能使人成瘾。

（4）亲友间的相互影响。家庭不良影响是导致青少年吸毒的另一个重要因素。家庭成员中有人吸毒的青少年，比家庭中无人吸毒的青少年更容易沾染毒品。

（5）精神苦闷，情绪低落，以吸毒麻醉自己，解脱苦恼。大学生正处于青春期后期和成年初期阶段，他们阅历浅、社会经验不足，对自己缺乏正确和全面的认识，容易受到社会上各种思潮的冲击，很容易产生各种各样的心理冲突和矛盾。大学生会面临来自父母、学校和朋友的压力，经常会感到无所适从，甚至认为自己面临的障碍和困难似乎不可跨越，在这种状态下如果不能正确对待和处理，很容易借助烟、酒、毒品等刺激物寻求一时的解脱。

2. 社会客观原因

（1）毒品泛滥。当前我国某些地区贩毒猖獗，吸毒人数众多，毒品来得容易，为吸毒者提供了方便条件。

（2）经济一体化冲击了人们的思想。不少大学生在失去原有的信仰和规范的情况下，容易接受一些错误观念的引导，认为吸毒是一种时尚或享受。

（3）防毒宣传不到位，预防措施不得力。大学生是毒品侵害的高危人群，但目前能真正重视毒品教育宣传的高校还不多。很多高校的安全教育手册和网站中甚至还没有这部分内容。

（五）大学生自身远离毒品的具体措施

大学阶段是人生成长的转折点，是走向社会的最后一个阶段。在这个关键时期，如果尝了毒品，染上毒瘾，人生悲剧往往就会从此开始。要避免悲剧的发生，就必须构筑拒绝毒品的心理防线。

1. 要接受毒品基本知识和禁毒法律法规教育，彻底抛弃“摇头丸”不是毒品的看法。

2. 要坚决抵制毒品的侵袭，从身边做起，从现在做起，从每个人做起，加强思想政治学习，不断提高自身思想政治素质，树立正确的世界观、人生观、价值观。不要听信毒品能治病、能解脱烦恼和痛苦、能给人带来快乐等各种谎言。

3. 正确把握好奇心，抑制不良诱惑。好奇固然可贵，但并非所有事情都可以亲身体验。当别人用毒品来引诱你时，一定要意志坚定，坚决拒绝。交友一定要谨慎。发现亲朋好友中有吸毒者，一定要极力劝阻；发现有贩毒行为的人要及时报告公安机关。

4. 一定要明辨是非，不能贪图眼前的小恩小惠，始终牢记天下没有免费的午餐，拒绝毒贩或其他吸毒人员“免费”提供的毒品，哪怕只是尝试。

5. 正确对待挫折和困难，绝不用毒品来麻醉自己，逃避现实。大学生在学习、生活中遇到挫折和困难都是正常的，要正确对待。坚信挫折和困难是暂时的，多参加一些有益的活动，分散自己的注意力，绝对不要用毒品来麻醉自己。

6. 出入娱乐场所应谨慎，决不吸食摇头丸、K 粉等兴奋剂。如果在不知情的情况下被引诱、欺骗吸了毒，一定要悬崖勒马，不要再吸第二次。

7. 牢记“四知道”：一要知道什么是毒品；二要知道吸毒极易成瘾，难以戒除；三要知道毒品的危害；四要知道吸毒、贩毒是违法犯罪行为，要受到法律制裁。

二、珍爱生命，切忌自我伤害

生命只有一次，大学生虽然不能决定自己生命的长度，但是可以掌握自己生命的宽度，实现生命的意义。但是，据统计，历年来校园伤害事件中，“自我伤害”事件之多，仅次于暴力斗殴事件，令社会各界为之惊讶，因此实有必要增强对大学生“自我伤害”的认知与处理，帮助大学生始终保持尊重生命、珍爱生命的态度。

（一）自我伤害的含义

所谓“自我伤害”是指一个人“有意地”伤害自己身心，以实现自我毁灭，或是借以表达其不满、愤怒、悲伤、沮丧、绝望的压力及情绪反应。

自我伤害主要有自杀、企图自杀、伤害自己、忧郁反应、攻击性行为等。

（二）自我伤害的动机

1. 可能只是为了想控制某人，如男女朋友感情出现问题，某一方就以“死”要挟，希望借此控制对方的感情。

2. 也可能是利用自我伤害来换取某种利益，如借以换取亲朋好友、师长的注意、关怀、照顾，或是得到某些好处。

3. 有的是为了逃避内心深处的罪恶感、无价值感、挫折感。

4. 就自我伤害的做法及后果而言，学生们恐怕不能清楚地了解自己的做法会造成何种程度的伤害。

（三）自我伤害的征兆

基本上，“自我伤害”的行为，也是个人试图与他人沟通的一种方式，在学生自我伤害之前，应该是有预兆可寻的，大致可分为四类：

1. 环境上的线索。学生由于个人环境上的极大改变，或因遭受重大挫折，使他倍感压力而无法应付，如个人痼疾的影响，或亲朋好友的离去、死亡，或家庭危机等。

2. 言语中的线索。从学生的谈话中或由其日记、周记、作文、诗词里，有意或无意地透露出想死的念头，若接收到这种信息，切不可掉以轻心。

3. 行为上的线索。学生平时的行为习惯若有显著的改变时，如积极活泼的学生变得萎靡不振，安静的学生变得话多，谨慎的学生变得喜欢冒险；成绩大幅滑落，旷课、逃学次数增多；孤独处于一隅，或哭泣、或发呆；放弃个人财物，或丢弃，或赠送好友。

4. 并发性线索。此类状况是前述三者的延伸，包括：从人际关系退缩回来，显得与世隔绝的样子，或出现忧郁的情绪，或显现出不满的情绪而抱怨，甚至采取攻击性的行为。

（四）自我伤害的原因

1. 社会原因

在群体环境中，如果学生们被给予充满互助合作、祥和温馨、理性光明的信息，那么他们自然会充满热情和希望的活力，但若社会的负面一直在戕害社会的温馨面，那么青年学生们的心灵往往是禁不起这种冲击的，于是失望、茫然、恐惧、畏缩之心，油然而生。

2. 学校原因

升学、课业的压力，以及学习上的障碍、挫败、没有成就感，是学生安全的一项隐形杀手。

3. 家庭原因

家庭无法创造一个温馨、有爱的生活环境，甚至产生家庭危机，对于孩子心灵的伤害最大。在孩子们的生活环境里，家庭是最重要的避风港和安全的庇护所，一旦避风港、庇护所失去了保护功能，甚至还是一个身心伤害的压力源时，将会使孩子们无助地失去生存的信念。

4. 个人原因

（1）心智尚不够成熟，承受不住挫折。

（2）精神疾病，或药物滥用，或长期痼疾，身心疾病的影响。

（3）对于人生意义和生存的茫然感和绝望感。

（五）自我伤害的预防及处理

1. 自我伤害的预防

（1）多倾听，少说话，向他们表达关心，给予希望。

（2）留心任何有自我伤害的念头的人，直接询问他们是否考虑自我伤害，甚至是自杀：“你的心情是否如此糟糕，以至于想结束自己的生命？”这样反而会挽救他们的生命。

（3）不要独自一个人扛起帮助有问题学生的责任，应请其他人特别是专业人员一起承担。

如果发现有人想要采取自我伤害行为，不要让他（她）独处。

2. 自我伤害的处理

（1）接案。学校任何一个人接案后，应立即确认下列事项：个案现在位置；个案有自我伤害倾向，或已付诸行动；个案伤亡情形；其周遭环境状况；目前有无其他救援人员或救助措施。

（2）建立支持群。首先，尽快向学校危机处理小组或相关单位、人员反映，若情况危急，接案人员应一边反映，一边赶至现场处理。其次，危机处理小组应立即分配任务：指定人员坐镇指挥中心；若无法确定个案行踪，应尽快分组找寻个案，若已知危机现场，应尽快指派专人前往处理；尽快联系个案最信任或最喜爱的师长、好友或辅导人员，请其赶赴现场（或协助找寻），协助处理；视状况之必要性，通知家长或其监护人，有时候个案并不希望让家人知晓，因此应设法通知其家长，又要保持个案的信任感，并避免受刺激，的确需要一些技巧；若已知有伤亡情形，应迅速通知救护单位或相关人员协助处理。

（3）赶赴现场（或寻找个案）。接案人员或危机处理人员在接获通知后，应于最短时间内，赶赴现场，并寻获个案。

（4）转介辅导。首先，危机处理小组应评估个案及相关人员情形，并适时转介至辅导室（中心）实施辅导。其次，教师、同班好友、家人应会同辅导教师，实施协同辅导与交织辅导，并应持续追踪。

（5）复原。全校师生通力合作，导引学生走向正常的教育运作，使学校恢复平静。

需要注意的是，对已采取行动，但未成功之个案，一是要立即联络医务人员协助送医治疗，相关人员应陪同至医院照顾。二是要注意，危机现场若在校内，为了避免影响其他学生的情绪，应尽快清理恢复现场。三是若属上课时所发生的事，则应尽快安抚学生，并恢复正常上课。四是鼓励班上学生以平常心看待个案，并接纳、关怀、接近个案，切勿以异样眼光视之。五是对于记者的采访，统一由危机处理小组或相关业管单位发布，其他师生一概不宜接受采访。六是对于与个案事件相关联的师长、同学应特别注意其情绪反应，并应列为关怀、辅导对象，避免其内疚、自责，而引发连锁反应。

中国人民大学出版社外语出版分社读者信息反馈表

尊敬的读者：

感谢您购买和使用中国人民大学出版社外语出版分社的 ______________ 一书，我们希望通过这张小小的反馈卡来获得您更多的建议和意见，以改进我们的工作，加强我们双方的沟通和联系。我们期待着能为更多的读者提供更多的好书。

请您填妥下表后，寄回或传真回复我们，对您的支持我们不胜感激！

1. 您是从何种途径得知本书的：

□书店　□网上　□报纸杂志　□朋友推荐

2. 您为什么决定购买本书：

□工作需要　□学习参考　□对本书主题感兴趣　□随便翻翻

3. 您对本书内容的评价是：

□很好　□好　□一般　□差　□很差

4. 您在阅读本书的过程中有没有发现明显的专业及编校错误，如果有，它们是：

____

____

____

5. 您对哪些专业的图书信息比较感兴趣：

____

____

____

6. 如果方便，请提供您的个人信息，以便于我们和您联系（您的个人资料我们将严格保密）：

您供职的单位：______________________________

您教授的课程（教师填写）：______________________________

您的通信地址：______________________________

您的电子邮箱：______________________________

请联系我们：黄婷　程子殊　吴振良　王琼　鞠方安

电话：010-62512737，62513265，62515538，62515573，62515576

传真：010-62514961

E-mail：huangt@crup.com.cn　chengzsh@crup.com.cn　wuzl@crup.com.cn
crup_wy@163.com　jufa@crup.com.cn

通信地址：北京市海淀区中关村大街甲 59 号文化大厦 15 层　邮编：100872

中国人民大学出版社外语出版分社